追尋永憩的船錨

II

祢使狂風止息，波浪就平靜

風息浪靜，我們歡喜

祢就引我們到所願去的海口

但願人因祢的慈愛

和祢向人所行的奇事都稱讚祢

正當顫動的靈魂，生命思緒交纏蔓延 ....

我們生活在多變的疫情之下，不斷以不同的樣態映入眼簾，成為每日的心情。

望道號是一艘船上載有 400 多位船員來自超過 45 個不同的國家，他們放棄家裡的生活，迢迢來到這艘船上做完全不收薪的義工，其中經歷著各種文化間彼此摩擦及接納，將愛與信心由裡到外活出來的神蹟；在船員互動、對談、相處的過程中，他們深信在這黑暗破碎的世代裡可以找到一位大能、美善的神，他們樂於向世界各國介紹他們的母語、文化、習俗和這位神在他們身上的故事。

那天空的蔚藍倒映在海洋上，

使天空與海洋間彷彿沒有了地平線的存在，

他們每天觀賞著海象天候，滿天浪漫的星空、流星之外，徐徐海風與他們說話，感受著星河可以寄望，宇宙浪漫不止的情愫；因為有一位神在他們的心中，給予了信息，裏面有著人類心靈的啟示，有又真又活的真理，有永生之道，有平安 ，有喜樂，還有一切祂手上正在做的工作。

這位神不僅給予了人類的形貌與心境，

更在跟隨祂的情況下，創造了生命的無限可能；

他們跟隨著這位神的話語─聖經，使得他們即使在汪洋大海上，看那海洋就只是像看一大片海水結晶鹽一樣，而整本聖經不僅是詩，更記載了生命的起源和意義，也記載了人類的歷史及預測人類的結局，描述著人類起源與終結和最後的歸宿；

祂明白智慧的道路，曉得智慧的所在，

因祂鑑察直到地極，遍觀普天之下；要為風定輕重，又度量諸水。祂為雨露定命令，為雷電定道路。祂要我們看見智慧，並且向我們述說堅定，敬畏祂就是智慧，遠離惡便是聰明；

跟隨祂而憐恤人的有福了，因為必蒙祂的憐恤！

祂來本不是召義人，而是召罪人，但這世上卻沒有個義人；

是的，
憶世間繁華競逐，
多少名仕與淑媛，

風采氣度似眼前，
時間未為人生留；
跟隨祂是一種生命的藝術，
更是永恆的心靈時尚；
讓我們不在這世界裡迷失，
因著認識祂，能置之於死地而後生，
進而至永生之境！

筆者在望道號船上，深信這位神與每一位信而跟隨者，一起暢饗著專屬的人生，每天站在船板上，寄語散文詩集向祂傾訴！

筆者感謝沈崢、李正言、周王雋、張上典、鄭雅如、周明珊，給予多方的意見及斧正，得以付梓出版。

張容寬

執灧穹蒼形四季
萬物興歌皆祢手
順服不為流俗轉
境當逆處且尋主
初心如磐篤行遠
道固從至於同類

望道的水手、行道的善商

趙曉 博士

經濟學家
北京香柏領導力機構主席
全球善商運動贊助者

一、硬幣的 A 面和 B 面

沒有兩片相同的樹葉，也沒有兩個相同的生命。每個生命，都有其特質與追求，都有其寶貴和美麗。

地球上，有一群很特別、很神奇的人，我稱之為" 望道的水手、行道的善商 "。本書作者張容寬正是其中的佼佼者。這也是理解此書的一把鑰匙。

" 行道的善商 "，就是那些不是坐而論道，而是在商場中行出道、見證道的企業家和商人們，他們區別於世上比比皆是的 " 奸商 " 以及雖然生意成功但迷失自我的商人。

做生意最難的不是生意興隆，而是在經營生意中能夠做到「富貴不能淫」、生命不迷失，並以美善的生命

來保證生意的永續發展。可惜的是，這些年中國大陸的商人命途多舛、善始善終者並不多，以前中國的企業家被戲稱為「兩院院士」（不是去醫院，就是進法院），現在更是悲哀地升級為「雙亡人群」（不是死亡，就是流亡）。這當然與體制不完善高度相關，但因為自身生命不過關，致使生意嘎然而止，企業曲終人散的例子也大有其在。

善商的標準很簡單：有道、有善、有創，萬有在天；生命、生活、生意，三生有幸。但做到的人很少，因為知道和做到是世界上最長的距離。

最好的投資原理也很簡單，就是價值投資。然而，地球上只有一個巴菲特。世人非不懂也，乃因人性的弱點和罪性，使得大多數人做不到也！

商業和投資，最終磨練和考驗的都是人性，而人性中既有天使的一面，又有魔鬼的一面。而因為從善如登、從惡如流的緣故，善性不易保持，相反一不小心，魔鬼的一面就跑了出來，最終將人吃掉。魔鬼，最喜歡的一招叫「誘惑」，財富也就成了將人引入死的網羅。

因此，要做 " 行道的善商 "，還要有生命的根基，要有久久為功的每日靈魂的修行，也就是要做一個 " 望

道的水手 "。

"行道的善商 " 與 " 望道的水手 " 實在是一枚硬幣的 A 面和 B 面，相輔相成、缺一不可。

有個寓言講的好，人心中都有一頭野獸和一頭善獸。那如何讓善獸戰勝野獸呢？答案就是，每天好好餵養心靈中的那隻善獸。

這正是容寬作為靈魂水手在 " 望道號 " 所做的工作：仰望星空，敬畏上天，以天道為準繩，以神啟為靈糧，每日三省吾身，與神同行，讓心中的善獸一天興似一天 ......

請聽容寬作為「望道號」水手的生命告白：

那生命的船舷
在泱泱碧水中任我無矢的
靈魂遊弋向前，恣意所欲地流浪
祢的慈愛卻成為我生命的羅盤 ......
那跟隨祢的人，
知道其所遇
患難不可怕，
瘟疫不可懼，

錢財不可靠，
救恩不可買，
死亡不可賄，
富貴不可恃，
美貌不可留，
但
靈性不可眛。

我們在這個繁忙的世界，
能不能停下來？
在這個瞬息萬變的社會中，
我們能不能沉靜下來？
有時候我們一直無法放心，
處在煩躁、擔憂、混亂當中；
主！
祢要我們停下來，祢要我們休息，
不要再靠著自己面對困難，
而是由祢帶領一切。是的，
我們要靜止，我們要停下來，
才能知道祢是神。

一個真正聖潔的人，

擁有與世界不同的價值觀；

他看重正直、公義勝過金錢，

因此他即便損失、放棄金錢，

也不願意得罪神！

這樣的人，怎會輕易墜落撒旦的網羅呢？這樣的人不成功，什麼人才能成功呢？

二、把握時間好好經營我們永恆的生命

認識容寬是非常開心的一件事。

2016 年，我率中國大陸善商精鷹班學員去到臺灣，拜訪臺灣的善商，參觀他們的企業；接待我們的有臺灣著名企業家尹衍樑，永光化學的陳定川、陳偉望父子以及王雪紅姐妹的 HTC 的高管等等。

這一行充滿平安、喜樂，滿載而歸。而我要特別感謝的一位正是本書作者：全程陪同、幫助大陸訪學團圓滿完成遊學任務的臺灣企業家張容寬弟兄。

那些天，容寬不僅以他殷勤、周到、精心的服侍令

大家感動，更以其生命中彰顯出來的美善、敬虔、聖潔令大家折服。

臨別時，容寬腰上繫了一條很有特色、精美俐落的皮帶，當得到大家的讚歎時，他馬上提出要給我們每個人送一條。他說到做到，不久我們都收到了他的禮物。此事雖小，但可見容寬的為人。

那次臺灣之行，我還知道容寬是多本好書的作者。他的著作大多與容寬所從事的專業——酒店管理有關，且已在大陸出版發行。但我們大家卻都不知道他原來還是一位深藏不露、功力非凡的詩人兼智者，直到我拜讀到眼前這本猶如一串珍珠般的好書——一篇篇好文既如珍珠一樣發出光芒，串起來又猶如靈性的腰帶，可繫於善商的 " 靈身 "，實在是美不勝收、不可多得。

在本書中，容寬化身為 " 望道號 " 上的一名水手，每日靈修不止，浪花四濺，目的地便是：生命的永恆與真理的彼岸。

" 望道號 "，確有其船，乃是地球上一艘最特別的大型遊艇，自 70 年代起航，至今一直在各國漂遊，誓將地球上最好的消息傳遍每一個角落。容寬自稱「望道號」水手，可謂十分切合。

作為經濟學家，我以前也和其他經濟學家一樣，主要是基於資源的稀缺性因而關注財富的最大化，也就是只關注一般經濟學。但近些年來，我卻更加主張無論是經濟學家還是普通人都要更加關注「生命經濟學」，即探求生命意義和價值的最大化，因為相比於物質、資本甚至時間，人的生命才是最稀缺的資源，值得倍加珍惜並努力實現價值最大化。

"望道號"的水手周遊列國，通過書展等形式，將創造主及有關永恆的資訊傳遍全球。 這在他們的心目中，正是人生最有意義的事情。

如果把地球也看作一艘船，不同地方、不同職業只是不同港口的話，那麼這個世界上，更多的人其實也在做著"望道號"水手們同樣的事。在他們的心目中，生命活的不僅是肉體的性命，更是人生的使命，所追求的則是真道、真理以及永恆的意義和價值。

這正是最偉大的經營，不僅經營企業，也經營生命和生活。正如容寬在書中開篇就談到的：

我們本是宿散的雲霧，
過不少時就不見了。
人有旦夕禍福，

把握時間好好經營
我們永恆的生命才是！

又道是：

與神相交，過有靈修的生活，
這是十分個人化的，別人不能代勞的。
與眾人同敬拜是不能替代個人靈修生活的。

為 神花時間，是投資到永遠。

容寬更在書中一再強調：

使人成熟的並不是歲月
而是與祢同行

真正能治癒我們的
從來都不是時間
而是與祢同在

世界上最珍貴不是財富
而是一份真的跟隨耶穌的心

世界上最遙遠的距離
不是天天無法相見

而是尚未與 主相遇

真正的幸福不是世上的富貴
而是活的問心無愧
按著聖經行事的跟徒

愛是屬靈中最好的抗生素
朝與耶穌跟隨
暮與聖靈左右
與山對視，與水映照
倒不如與主相遇

勤讀聖經遠是非，不再懼了歲月催

何以解憂，唯有聖經
但為永生，沈吟至今
昔我往矣，雨雪霏霏
今我來思，決志受洗

財富不是永遠的朋友
耶穌卻是永遠的財富

歲若不寒霜無以知松柏
人若不認主無以得救贖
山因人而靈
水因人而麗
人依神而貴

這世界和其上的情慾都要過去
惟獨遵行 神旨意的,是永遠常存

　　是的,容寬正是最懂人生投資與經營的人,他在生命經濟學上可以說是無師自通。

三、跟隨祂是永恆的生命藝術與心靈時尚

　　人的本質是有死(人生在世,終有一死)、有限(資訊有限、理性有限、能力有限)、有罪(道德不完全,人無完人),因此,人必須作一個遠航的水手,超越自身的此岸,劃向造物主永恆的彼岸。每個人的靈魂都需要完成這一人生修行的漫漫航程。
　　是的,
我一生中需要不斷的禱告
因為若不是那聖靈光照我

我就會誤以為是對的,是正確的
活在自我中心
活在無知的盲目之中
活在宗教系統的掌聲中
活在想要贏得別人眼光注意與肯定之中
求祢奪回我們的心,完全轉向歸給祢

主啊!我若惆悵長歎對世界絕望,祢卻未對我
絕望,那榮光永恆,那慈繩愛索,使我不再做
人間驚鴻,只願做祢的僕人,為搭舢那永恆的
方舟;

當然,有人可能無法理解這一點。容寬指出:
如果你不在乎真理,你就不在乎神的道;
如果你不在乎神的道,
你就不在乎神的兒子;
如果你不在乎神的兒子,你就不在乎神;

現代人都喜歡追逐藝術與時尚,卻流於膚淺和浮
華。真正的藝術與時尚是什麼呢?容寬一言道破:跟隨
祂才是永恆的生命藝術與心靈時尚。

時間未為人生留
跟隨祂是一種生命的藝術
更是永恆的心靈時尚
讓我們不在這世界裡迷失，因著認識祂，
能置之於死地而後生
進而至永生之境
丹心與主見永恆
莫枉人生付水流

人生似
寄蜉蝣於天地間
渺滄海之一粟
神 卻呼召我
由王冑之際
進永恆天國

拾匯追尋那永憩的船錨

世界蒼白了我的等待
惟有祢復興了我今生的盼望

　　我一生只願更跟隨祢，與祢聯合
　　經歷生命的改變與更新的屬靈的生活

　　我的好處不在祢以外
　　敬畏祢的什麼好處都不缺

　　因為人生短暫，如夢如霧；因為人，本無真正生命，唯有將有限的生命與永恆的上帝相聯，如同葡萄樹的枝子與葡萄樹緊緊必須緊緊相連一樣，才進入到永恆，才實現自我的終極價值。

　　海到盡頭天作岸
　　世界異域各不同
　　千磨萬擊無主在
　　竹籃打水一場空

　　茫茫大海，人需要導航，水手容寬歌吟道：
　　航行需要指南針，才不會在茫茫大海中迷失
　　方向。
　　針不見了，針斷了，再有能力的航行家也會
　　迷失方向。

　　　　聖經就是我們人生的指南針，引導我們走向 神，

　　　　走向永生，走向正路。

有人問：造物主在哪呢？其實，祂無所不在，"超乎
眾人之上，貫乎眾人之中，也住在眾人之內（以弗所書
4:6）。"水手容寬非常篤定的相信：

　　　祢所在之處

　　　不是在天涯海角

　　　而是在我心裡

　　　神在哪裡？

　　　神在我們彼此相愛的心裡

　　　鬼在哪裡？

　　　鬼在我們的心思意念裡

祂是造物主，我們是被祂造的；祂是天上的父親，
我們是祂在地上的孩子；祂很大，我們很小：

　　　海有多大，船就有多小

　　　海有多深多豐富

　　　也只是行走在月亮與太陽之間

　　　祢有多大，我們就有多小

人類雖小，天父卻愛我們，賜我們平安：

> 海岸如歌，海浪往復穿梭
>
> 生命繽紛來去，合奏一曲樂章
>
> 有時風浪猛襲堤防，激起高聳的浪花
>
> 退潮了，波浪離海岸越來越遠
>
> 但我仍能望見那清澈的藍
>
> 船上的雷達與聲納
>
> 抵不過祢的關懷所賜予的平安

追隨祂的人雖不能離開世界，卻已不再屬於世界；

> 雖然我們擁有同一個天空
>
> 但我並不在世界中

"行道的善商" 和 "望道的水手"，如何在神與鬼之間，建立正確的人生觀，世界觀與價值觀？容寬說：

人生觀：

人活著，靠什麼而活？靠神的一切話。

世界觀：

這個世界是啥？世界就是一個考場，是神的考場。

我們任何心思意念及行為是否符合神的規定，
是否在世界上謹守遵行神的話。
價值觀：
人活著，看重的是什麼？活著是為命定而活，
是為跟隨耶穌基督的命定而活。

容寬就這樣，駕駛 " 望道號 " 乘風破浪，一路走來
一路歌吟，格言妙句，隨口而出：
跟隨祂
不是沒有傷
也不是沒有痛
而是經歷得勝的佳境
心，才漸漸學會了
真正地堅強

生活是你與上帝的詩篇
是成長閱歷的歡笑和眼淚

人若是看透了自己
便不會再小看別人
每一個人心中有一片月

獨一無二光明湛然

如果金色的陽光

停止了它耀眼的光芒

只要有祢的一個微笑

將照亮我的整個世界

感謝祢

當我受到誘惑

當我需要的時候

當我有麻煩的時候

當我覺得孤獨的時候

當我因深深的悲哀而痛哭

當我對明天失去了所有的希望

當我需要溫暖的懷抱的時候

當我對所有的人都已絕望

當我需要有人傾聽的時候

當我的思想像脫韁的野馬

當我需要有人牽我的手

當我需要有人為我擦去

傷心的淚水

祢總是圍繞在我的身邊

如此溫柔
如此溫馨
在旁看顧我

　　"望道號"上這位叫容寬的水手，就這樣帶著希伯來的靈風，帶著中華的古風，帶著一路航行的海風，帶著地上赤子對天上永恆之父的愛心，給我們的世界呈獻了一份真摯、感人的靈修筆記——不僅在華人世界極為珍貴，在商業世界堪稱一枝獨秀，在人類靈修筆記（如宋美齡女士最愛讀的 Lettie Burd Cowman 夫人的靈修著作《荒漠甘泉》）中也是奇花一朵，當據一席之地。

　　我一路讀來，忍不住為那滿徑的花香頻頻擊節讚歎，也為我親愛弟兄的靈程深耕大大感恩！

　　此書，可謂世上修行者的珍藏，善商之必讀。

　　茲為序！

帶您進入生命的伊甸園

胡保華 博士
全方位社會福利基金會理事長
WHO 國際自然醫學醫師

「天有不測風雲人有旦夕禍福」在當今這世代的每日生活中，真的再貼切不過了！人的生命在詩情畫意的浪漫時代歌詠中，突然冷不及防在一種群魔亂舞的邪惡當道中瞬間改變了所有人類的價值！暗黑的世代終於來到了！是否就是現在，那通往地獄之路終於不再隱藏！我們的人生還有什麼希望嗎！

每每在夕陽向晚天，孤鶩映落日的殘霞中，在一個年至七旬的我裡面，難免在對自己這一生的庸庸碌碌，汲汲營營的心海中總是充滿著許多不可言喻的虛空，並無限的感概與惆悵！

偶有神來提筆之時，心中卻又頓時停滯在眼前只能嚮往著的無邊的天際，試圖用上帝給我們的無限想像力，希望能翻攬出什麼曾經令人興奮又神往的畫面！真嚮往能回到從前！但回不去了！

記得小時候就讀淡水文化國小時，就只記得在天天被老師因功課沒達到老師的要求被體罰和爆打以外，最美好的回憶，就是沒事一個人騎著單車閒遊在沙崙海水浴場的落日美景，從淡水高爾夫球場的青青草原，到英國領事館裡那顆結滿芒果的樹上，還有真理大學裡那迎向淡水河面的小白宮，淡江中學裡馬偕牧師莊嚴肅穆的墓園，淡水中學，文化國小以及前方海關建築的入口處遙望那觀音山前的淡水河與台灣海狹之間的漁帆點點！是真實也已是幻影的童年了！

　　容寬用他的直覺邀我也為他這本個人情懷的生命散文集下個註腳分享個序。

　　我只能說品嘗了之後百感交集！這裡面對感性的我來說，除了充滿了各種心情的畫面，也飄浮著許多不同世代的音符！我祝福每一位翻閱的有心人。願生命的創造主帶著您進入這生命的伊甸園中，能不停的啜飲生命的活水泉，並躺臥在芳香的清草地上用眼睛就能擁抱那永遠的藍天！不要氣餒，要敢於有目標的追尋！向造物主打開心靈的對話！就是現在！好好體會當下，就是你我奇妙永恆的序幕！一切都是真實的！就在你我眼前！加油！朋友！做一個溫馨雋永專注唯美的天路客！愛會是我們永遠的依歸！等待與你在同一條喜樂的路上不期而遇的驚喜！

收刀入鞘 · 抓緊船錨

呂代豪 博士

北京大學哲學系教授

收刀入鞘，耕新天地，是我與這造物主的生命歷程。

常常有人說到人生的每一刻就像是一個音符，或是抒情，或是歡暢，或是悲愴，或是激楚；筆者的心弦卻將它寄繫於一位造物主的身上。

我所知道的容寬，他參與過空降特戰部隊，兩次250 公里五天半軍備行程，到偏遠扶貧地區及老人院探訪、臨終關懷、協助冰存、安息禮拜、火化進塔，他也一同與我在台灣及大陸為企業者祝福禱告，總是陪談著使人開朗，他是一位企管公司及經營飯店的業者。

容寬在這本書扮演着水手在追尋人生的歷程中，分享著航程的方向不僅是那北緯幾度，東經幾度，而是要明白造物主給我們的使命，明白祂給我們的方向和責任才沒有枉費祂的心意。

他以散文的寫作形式，表達著在這真實時空構成的創造的宇宙裏，我們的生命是動的，真實的，更是受創造的。我們的一生，世上知識的陶鎔，生活的素質，意志的鍛煉，臨危的面對種種，同我一樣地相信，都是來自跟隨這位造物主的旨意而前行。

書中所分享著生命的信仰，不單是覺悟的理念問題，更重要的是要落實在實現的本身。真正帶給我們喜樂的是跟隨這位造物主的智慧，因為祂是源頭，一切的一切，而不是世界上的知識。現代人受到科學的薰陶，凡事講究科學的證驗和證據，這本來沒有什麼不對；但結果把許多不屬於科學的精神生活領域遺忘了，造成生活的空虛與苦悶。人們生活在強烈競爭和貪圖佔有上，雖然在外表上是富有的，心靈深處是蒼白的；物質生活看似安穩的，而精神生活顯得非常不安。

有些人總是注意着地上的花開花落，有些人卻不想抬頭仰觀天幕，禱告著孰使大地能夠生長五穀，這造物主的確創造了萬事萬務，大者如天體之運行，小者如蟻之暫生，細菌之寄存。

每個人生命的存在，每分每秒的位置都在「過去」、「現在」和「未來」之間，而「未來」卻是造物主要我

們好好抓緊跟隨祂「現在」的腳步，帶我們到永憩之境；

　　但人們逐漸老邁，仍希望自己永遠站在時光的起點，然而對於那終將要行至的盡頭，卻不知那造物主始終期待着我們返航順服。

　　深信造物主為我們定位的航向，跟隨造物主，有著凡先處戰地而待敵者佚，後處戰地而趨戰者勞之境。祂讓我們感受到真的追求，善的行動，義的表現，聖的存在，祂是一個無所不包的完整個體，一個完美的愛，包含著公義，智慧，喜樂，聖潔等等是人生最寶貴的資產。

　　此書讀來，感受到知趣橫生，有着山花開似錦，澗水湛如藍的喜樂，期與大家分享。

生命的感動
在祂無限的豐盛裡

錢本文

無柄髖關節之父國際臨床骨密學會（ISCD）
全身成份認證專家教授
美國 2000~2001 醫藥暨公衛名人
當選 2002 年第 19 版世界名人錄

生活中時有風平浪靜，時有跌宕起伏，只有喜樂的心，乃是良藥，憂傷的靈，卻使骨枯乾，我們往往從康復的過程中瞭解到內在生命的可貴。

現在的人在快節奏的社會，快節奏的步伐，快節奏的旋律，常不自覺地跟著別人在跑，漸漸迷失了自己的心靈，無法讓心靈沉靜，抑制浮躁的侵蝕。我願意同你分享此書和我的工作，讓我們停下腳步，深深呼吸，抬頭看鳥兒在天空中翱翔，一起走進身心靈純淨健康的喜樂。

我熱愛我的醫學工作，從事股骨頭壞死治療工作三十多年，曾任美國加州大學骨病研究員，台大附屬醫院臨床副教授。期間前往美國、英國、法國參加學術交流會議，學習了股骨頭壞死治療的國際先進醫學理論，同時針對糖尿病在全球各國現在均呈現正成長，台灣約有 200 多萬名

糖尿病患，且每年以 25,000 名的速度持續增加。糖尿病也一直是台灣十大死亡原因之一，如何不僅依賴 BMI 值，重視優化體組成才是王道，使糖化血色素完全穩定，病人好起來了、快樂起來了，我想，醫生的樂趣莫過於此。

人類從早到晚從小到老，總是忙不迭地過日子。疾病，不只是生理上的一時病痛，它涵蓋了你的靈性、肉體與意識的連結。

我常感謝造物主！因為祂在我的創造中給了我這份喜樂，在其中我已盡用祂賦予我心智的一切才能及以我有限的心智浸潤在祂無限的豐盛裡。

人生就是學習的歷程，生活的甘與苦都是珍貴的功課，如何讓自己活到老學到老，使生命綻放光輝。

作者在書中的分享，時有亮光及我生命力歷程的寫照，隱隱牽曳我人生的時序，有一種久違的心情，感受生命的感動，期待著希望的曙光，去迎見歲月的美好。書裡讓人在猶豫和憧憬的困惑中，可以倚靠造物主，尋求心靈及多方的寧靜，每篇的情景，隨著生活不同的步調及衝擊，使我有著不同的感受，也因著盼望的力量，讓我靈魂的錨，每天生活出美好的心情，但願這位使我有盼望的造物主，將諸般的愛與喜樂，臨降在每個信祂的人身上。

祂引導我清澈喜樂的心情

林振森
台灣省鐘錶眼鏡公會理事長

　　首先我要謝謝作者當年邀約了孫越叔叔在公會年會上的分享，也藉此引用孫叔叔的其中一段話，路可以回頭看，卻不可以回頭走，不求盡如我意，但求無愧我心！好東西要和好朋友分享！

　如果我們的眼睛，是我們的靈魂之眼，
　那麼靈魂的源處，就在於你是否把善的力量竭盡
　結合。
　瑞士鐘錶是工藝與信仰的結合，他們探索經歷神，
　其偉大卓越的藝術，來自對神敬虔的態度。

　　16 世紀歐洲宗教革命時，法國有一群基督教的新教徒，包括許多鐘錶及珠寶匠逃亡到瑞士日內瓦，開始了當地的鐘錶發展史。

　　他們跟其他工匠最大的不同，在於他們製作手錶時，將神擺在第一位，不只是為了販售給消費者，更是為了榮耀神。

　　正如此書所述，對生命珍貴和尊嚴，及服務業如何讓顧客在心裏，永遠留下感動的一刻，建立顧客和品牌之間長期的連接，都是值得我們去學習的；

　　服務，猶如一條河流，
　　只要開始流動，就不會止息。
　　予人愉悅前，得始終保持清澈喜樂的心情。
　　書中的分享，自信和驕傲是有區別的。
　　自信的人總是倚靠神而冷靜的，
　　驕傲的人心中無神，總是高傲的。

　　誠如作者在協會裡的分享，我們在極小的事情上也要小心謹慎，

　　因為有時候小疏忽會釀成大災禍。
　　由於少一個釘子，失去馬蹄，
　　由於少一隻馬蹄，失去馬掌，
　　由於少一隻馬掌，失去馬匹，
　　由於少一匹馬，失去騎手，

就因為我們對馬掌上的釘子不小心，結果就被
敵人追上。

本書引導我的心思，戴了最佳的濾鏡，

當我們看到高山有崖，林木有枝，
當我們處在變動的時光裡，
是否隨著心中的年輪，能充滿信心地前行。

我願意將此書推薦分享給協會裡全省的同業，讓
愛、善、謙、信等，應用在工作及生活上，成為服務的
心法。

成為人生大能的水手

沈崢
伯利恆之星文創創辦人

　　許多年前，一位瑞士名錶商邀請家父與我及幾位好朋友到他家中小聚。

　　當夜，大家圍坐飯廳中一張中式的大圓桌，彼此高談闊論。正值酒足飯飽之餘，賓客們的目光也轉向了父親，聆聽父親在媒體社論上，所發表的時政及歷史。每當父親的話題告一段落，就聽到立馬傳來鏗鏘有力，郎朗上口的即興詩。

　　席間父親也注意到了這位即興作詩的先生。於是我自座位起來介紹：「這位是寶島鐘錶公司營運長張容寬兄。」父親因此與容寬兄聊的非常愉快。之後，每當向我問起容寬兄的近況，皆以「詩人」相稱。

　　因為媒體工作的關係，認識了寶島鐘錶公司營運長容寬兄。也因著容寬兄對於當年台灣蓬勃發展的媒體市

場，經常提供一些寶貴的資訊與我交流，我們遂成為了無話不談的好朋友。

再者，每一年我為獨家報導雜誌編輯出版《鐘錶年鑑》與《汽車年鑑》，而容寬兄都會統籌寶島鐘錶全台各地的名店來贊助出版。他所策劃的鐘錶名店文宣，打破傳統常規的媒體宣傳，取而代之以新詩體裁的樣式，獨樹一格的呈現出來。

容寬兄執筆的《永憩的錨》，以一位水手的位分寫下航海日誌，記錄下水手每日與造物主之間的領受。水手漂泊在千變萬化的汪洋大海中，這「錨」就成為了水手在面對波濤洶湧的大海中，一個來自屬天信心的確據且安定的器皿。

《永憩的錨》與《荒漠甘泉》及《每日亮光》亦是以日期的方式，使讀者可以照著每天的日期進度來閱讀，在這動盪不安的年代，處在大社會中的人們尋尋覓覓，希望找到生活及生命中，真正的平安與指望，相信每日一篇《永憩的錨》，必可為大能的水手們，指引一條堅固，又牢靠，且通入幔內的信心。

「我們有這指望，如同靈魂的錨，又堅固又牢靠，且通入幔內。」

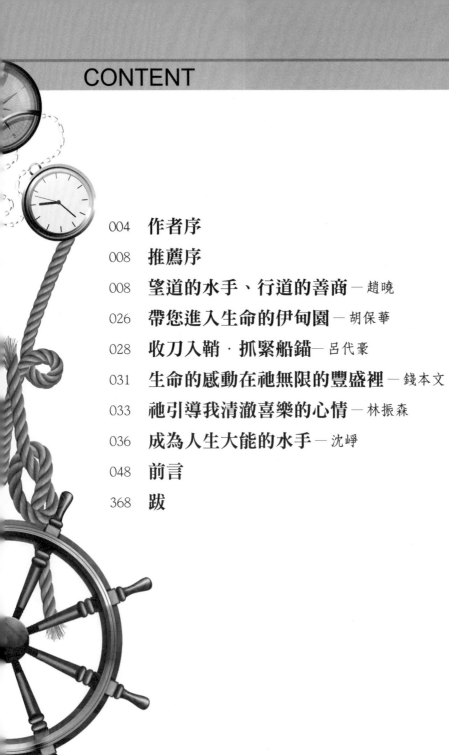

CONTENT

第四章 縱橫駭浪遠征途
水手與古航海

CONTENT

CONTENT

第五章　逆風順航創新事
生命與愛

CONTENT

第六章 千禧船錨矢追尋
光拂・星榆・投靠祢

CONTENT

時間可能比我們想像的過得還要快，

當我們來不及抓住，

重要的時光走了一個又一個，

可能也有太多閃現在腦海裏，

還有一些做完也來不及回味，

這些光燦熠熠的假像，

或也有些讓人日漸消瘦的心事，

但無論是喜是悲，我們都無法駐足。

人兒一生疲勞的奔忙，徒增了靈的茫然，

不着方法的想收盡一切的美景，攬在眼中…

我悄然拂開那滄桑人生中的點點塵埃時，

豈不知祢早已告訴我，

造物主孕育著和風與陽光，

綠葉同時也綻現著無窮的生命力，

人生是一刻不停留的活動，成長，改變。

祢藉著祢的「獨生子」告訴我們，

凡勞苦擔重擔的人，可以到我這裏來，

我就使你們得安息。
我心裏柔和、謙卑，
你們當負我的軛，學我的樣式，
這樣你們心裏，就必得享安息。
因為我的軛是容易的，我的擔子是輕省的。

好友啊！
咱漂泊的心是否不知返航，多少塵封往事，
猶如"沉沒的船隻和無數的寶藏"，
湧現在我們的靈裡。
我們是否已儼然重生，
回到造物主起初期待造我們的樣子........
那船甲上飄着得勝的旌旗，
不被世界污濁的現實所褻瀆，
等待著我們也一如是的跟隨！

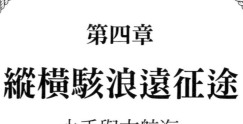

第四章

縱橫駭浪遠征途

水手與古航海

水波漣漣
亮光熠熠的海面
祢
從容、瀟灑地
將萬縷陽光傾瀉
從喧囂的紅霞中
等待著我們脫穎而出
我要為祢高歌
不要效法這個世界
要明白祢的心意
更新而變化
跟隨祢的
善良、純全、可喜悅的旨意

歲月無多盡夢餘，

天南地北年老盡，
低眉青苔初晴後，
卻使英雄淚滿襟，
力盡筋疲誰復傷，
唯有耶穌抹胸臆！
親愛的天父！
我天天都需要祢的救恩，
都需要祢的拯救，求祢把我從自我中心救拔出來，
引領我的心，常常向祢仰望，
開廣我的心，使我可以往祢真理的道上直奔，
面對一切的惡事、惡人
都可以因著倚靠祢的大能大力，
在爭戰的時刻
可以有得勝的思維，
可以住在祢的面前領受祢的愛。

是的，
當我對抗的是疾病、困難、邪惡、錯誤，
或是我自己的罪惡和軟弱；
求祢側耳聽我的懇求，用救恩遮蔽我。

當我奮戰的時候，
求祢聽我的呼求，並且遮蔽我的頭，
求祢用祢的大能和榮耀拯救我，
用祢的愛支持我，
懇求祢讓公義彰顯，
幫助我勝過所有的邪惡，
也救免我一切的罪。

當我在困苦中，
祢是我唯一的倚靠，
求祢幫助我信靠祢的義和憐憫，
祢必拯救我，
因為祢是我的 神。

當我學習分辨面對仇敵，
不是靠自己想辦法報復，而是信靠祢用祢的方式，
教導我正確的處置，把一切主權交給祢！
這樣，我才不會變成另外一個邪惡的惡人！
是的，
祢是伸冤的主，
當我遭受人的惡謀與惡言時，
幫助我不落入以惡報惡之中，

反到以善勝惡，
做自己該做的事，
直等到祢親自為我伸冤。

謙卑溫柔的人必承受地土，
並有豐盛的平安和喜樂。

孟德爾頌為德國猶太裔作曲家，

是德國浪漫樂派最具代表性的人物之一。

是一難得的全能型天才，

身兼鋼琴家、指揮、作曲家等多重身份。

其短短 38 年的一生中，創作極為豐富、技法高超，

在世時就被稱為當時作曲家中的第一人。

「以利亞」聖曲，一開頭就是

先知以利亞對以色列的國王亞哈強有力的的宣告：

指著所事奉永生耶和華以色列的神起誓，

這幾年我若不禱告，必不降露不下雨。

聖樂描述著時光流逝，當以利亞再見亞哈王，

要求測試巴力與耶和華誰是真神？

他與巴力先知們分別向自己的神求告，

誰的神降火收取祭物，就是真神，

結果當然是以利亞獲勝。

孟德爾頌利用銅管樂器吶喊着，

「主啊！請聽我的訴求………若你盡心尋求我，

就必尋見。」

優美的禱告詠嘆調：

亞伯拉罕、以撒、以色列的神，

耶和華啊，

求祢今日使人知道祢是以色列的神，
也知道我是祢的僕人，又是奉祢的命行這一切事…
另外在天使引導下，以利亞來到何烈山禱告，
之後亞哈王戰死，約沙法接續以利亞為先知，
雄偉合唱描述以利亞乘著旋風升天，
在頌讚合唱下壯麗結尾。
主，
我們當用詩章、頌詞、靈歌
彼此對說，一起口唱心和地讚美祢；
謹守祢，
敬畏祢，
順服祢的誡命，
是我人生的全部！

主，

祢認識一切的事，
祢存在於各處，
祢創造人類的能力，以及祢的聖潔——
因祢的聖潔而毀滅惡人和鑑察那信徒的心。

我坐下，我起來，祢都曉得，
祢注視著我的每一舉手投足，
祢從遠處知道我的意念，超越時空地恒久監察看顧我；
即使在黑暗，
也不能遮蔽我，使祢不見；
我未成形的體質，祢的眼早已看見了。
祢所定的日子，我尚未度一日，祢都寫在祢的冊上了。
是的，祢是
無所不知，無所不在，無所不能，
祢更是聖潔、公義的；
願我們敬畏祢、愛祢的人，會愛祢所愛，恨祢所恨。
是的，
我們不僅是不與外在環境的惡人，與他們為伍，
更要留意的是自己心中的惡，
不行祢眼中看為惡的事，

不與惡人一樣走滅亡的道路。

謝謝祢，
我受造奇妙可畏，我是按祢旨意被創造的。
祢不僅創造了我，是奇妙可畏的，
並且祢愛我，覆庇我，
為我的一生刻劃了那美好的藍圖，
我終身的事都在祢的手中。

我所當作的是順服祢的引導，
求祢潔淨我的心思意念，
與我同在，看顧、引領我；
願我活出祢造我的心意，
按祢的旨意而活，叫祢得榮耀。

韓德爾所創作的 "彌賽亞"，

可說是全世界被演唱最多的清唱劇，
包括以英文及其他許多語言，
當然英文唱的最多，也是基督徒耳熟能詳的聖樂。
彌賽亞，是一首包含了舊約及新約，
注重靈修、思考有關救主彌賽亞，
關於基督的誕生、受難、受死及復活，
其詠歎調豐富優美，旋律動聽華麗且富節奏性，
合唱簡樸深厚，和聲堅實有力。
「彌賽亞」
源自希伯來語，意思是「受上帝任命的人」，
或「受膏者」。
源自希臘語的「基督」跟「彌賽亞」有相同的意思，
所以「耶穌基督」這個稱呼表示耶穌是受上帝任命的人，
或耶穌是彌賽亞。

我們在人生的客旅中，就是深切期待並經歷這位彌賽亞
為我們帶來的光明、生命和幫助。
耶穌，是完全的神也是完全的人，
是從死裡復活並升到上帝右邊的君王。

因為祂的死贖了我們的罪，
叫我們與上帝和好；
因為祂是王，在祂復活以後，
上帝把一切權柄賜給了祂；
彌賽亞首先受膏，在靈裡拯救那屬祂的百姓；
就是要把他們從罪中救贖出來。
祂藉著祂的死和復活成就了這救恩，
不僅要在地上建立祂的國的時候，更要救祂的百姓脫離
他們肉體的仇敵。

祂讓我們看到了天國的門打開了，
祂讓我們在絕望中重拾希望。

那驕傲的心是人與祢之間不可逾越的屏障，

那謙卑的心是我得勝的力量，是我與祢聯繫的標誌。

雖然人多半是
在曲終人散的冷清裏感受到寂寞，
但有些人卻是
在人潮川流的十字街頭
湧上不可遏抑的孤獨！
主啊，
那都是尚未遇見祢啊！

年少自認歲月移，
豪言壯志顯崢嶸，
晨起東方升暖日，
夜來西月嘆蹉跎，
半輩青春知百味，
何言一生憂愁事，
不識主已掌王權，
一信基督得勝行。

信靠主的人，不狂妄、不高舉自己，
在一切的事上，都不以神為愚拙的、也不妄論神。

因為信主的人有神的光、有神的真理，
能「眼目光明」、高瞻遠矚、看得很遠。
是的，主！
祢喜悅誰，就給誰智慧、知識、財富和喜樂；
惟有罪人，祢使他勞苦，
叫他將所收聚的、所堆積的歸給祢所喜悅的人。

是的，
祢給的智慧、知識、財富和喜樂，
若用信心、順服、妥善的使用、忠心良善的分配，
我靠著愛我的主，就在這一切的事上，已經得勝有餘了。

是的，主！
我是低微的，

但祢看顧我，

祢從遠處看出驕傲的人；

當我行在患難中，祢必將我救活；

我的仇敵發怒，祢必伸手抵擋他們；

是的，

祢必成全關乎我的事，

在我的一生，

若遇疾病、憂鬱、癮癖、精神病，

甚至在感情困難中，在罪惡中，

在一切患難裏，祢仍看顧我；

縱使我在深淵中，瘟疫的逼迫中，祢來探訪我；

在極黑的黑暗中，祢向我顯現，

祢要把我救活，

伸手幫助我，

抵擋我的仇敵，

祢會為我爭戰，

祢會拯救我，

凡來攻擊我的，

祢都會對付的。

是的，主！
我何等需要祢的恩典，
我需要祢賜力量給我，
讓我能夠低俯謙卑，求祢來變化我！
是的，
我在凡事上都要認定祢，祢是我一切的一切，
讓我在每件事都能因依靠祢而得著幫助，
每件事都是為了祢的榮耀而行，
求祢保守我一直都在祢翅膀蔭下得安息。

祢的話語是人生的體悟，生命的禮物，永憩的密碼。

神劇《創世記》

是海頓最具代表性的作品之一，
與韓德爾《彌賽亞》、
孟德爾頌《以利亞》並稱為三大神劇。
海頓《創世記》洋溢著光明和歡樂，
通順和諧的特點得到了更加親切感人的體現，
其音樂品質可與莫扎特並駕齊驅。
海頓的《創世記》時而優雅從容、情思細膩、音律莊重，
時而韻味清澄，觀察銳敏，帶領我們回到寧靜的歸處。
是的，
祢創造了諸天與地，
與天上地下一切存在之物。
祢預言第一個天和地要過去，
祢描述了一個新天新地。
祢告訴我們，
我是耶和華，再沒有別神；
除了我以外沒有神；
你雖不認識我，我卻給你束腰；
從日出之地到日落之處，
使人都知道，
除了我以外沒有別神。

我是耶和華，再沒有別神；
我是那形成光，又創造暗，
造作平安，又創造災禍的；
我是那造作這一切的耶和華。
是的，
敬畏耶和華是智慧的開端，
認識至聖者便是聰明。
謹守祢，
敬畏祢，
順服祢的誡命，
是我人生的全部！
我一生要認識這位造了我，
可以解答我一切疑惑的神！

是的，
祢是聖潔和公義的，

祢辨別善惡、賞罰分明，
祢所行的都正直公平。
祢賜給人的恩典，是人不配得的；
祢發出的咒詛，卻是人應受的懲罰；
所以，
人不可發出咒詛。
耶穌基督的救贖帶給世人救罪之恩，
使咒詛轉為祝福；
認識基督的人理應凡事，按照福音而行，
只有祝福，不可咒詛。
是的，
祢教導我們
不可為了私人的仇怨而報復。
我們要彼此寬恕、相愛，不可報仇，
因為伸冤在祢，祢必報應。
是的，
教會是萬民禱告的殿，
縱使我們有敬拜、獻祭和事奉，
但我們的心遠離祢，這些都是不被祢喜悅的！

我們要用「心靈和誠實敬拜」，
我們要在「靈和真理中敬拜」，
我們要領受祢的訓誨，跟隨祢，
孩子住在祢殿中是為有福！

我們要珍惜教會生活，
不要等到我們失去後，
才開始覺得教會生活很重要；
求祢幫助我們
在任何環境仍能堅守
對祢、對教會的愛，
在逆境或極度悲傷中
仍要對祢有信心，不能失去盼望，
心中仍要有力量，仰賴祢的拯救和憐憫！
是的，
雖然我們住在這個充滿偶像的環境中，
我們一樣要高聲讚頌祢，
因著祢的恩典，讓我們在心中歌頌著祢，
我們不光是在順利的環境中，
天天經歷祢；
我們在逆境，在瘟疫迫襲中，
我們更愛祢。
我們不離開祢！

莫扎特 – 經文歌《欣喜吧，蒙福的靈魂》，

莫扎特為歐洲最偉大的古典主義音樂作曲家之一，

與海頓和貝多芬被合稱為「維也納三傑」。

海頓曾對莫扎特的父親說：

我在上帝的面前，非常誠實的告訴你：

你的兒子是我有史以來見過最偉大的作曲家。

莫扎特的原名叫約翰內斯·克里索斯托姆斯·沃爾夫岡烏斯·

戈特利波，

在拉丁語中戈特利波的意思是「上帝之愛」。

他的曲子給人有千軍萬馬之感，正好比茫茫穹蒼，

命運如排山倒海之勢湧來，令人招架不住，

那種兵荒馬亂，又隨著時間轉瞬即逝，無法挽回，

頗有命運之神一來，凡夫俗人只能束手無策，如鳥獸分散，

各分東西；

是的，

至於那要臨到的日子和時間，

沒有人知道；

天上的天使不知道，

兒子也不知道，

只有父親知道。

人子的來臨要像挪亞時代所發生的事一樣。

洪水沒有來以前，人照常吃喝嫁娶，

直到挪亞進入方舟那一天；

他們糊里糊塗，洪水來了，把他們都沖走。

人子的來臨也是這樣。

那時候，兩個人在田裏工作，

一個被接去，另一個留下；

兩個女子在推磨，一個被接去，另一個留下。

所以，要警醒，

因為你們不知道，主要在哪一天來臨。

主耶穌表示：

祂第二次再臨的時間沒有人知道，

包括祂自己與天使都不知道。

祂來臨的時機，

就像挪亞時代的洪水一樣。

當祂來臨時，

有人將得救、有人將滅亡。

面對祂第二次再臨，

我們事先作好預備了嗎？

聖經中提到主耶穌再來的次數，

總共有 1845 次，其中舊約有 1527 次，新約有 318 次。

主耶穌的再來，是毫無疑問的，只是時間遲早的問題。

是的，

挪亞不是等到下雨才作預備，
乃是在晴朗的天氣中，
就開始為洪水作預備。
因此，
如果今天主耶穌再來，
我會是被留下來的？
還是被接去的？
面對主耶穌的再臨，
我是否足夠儆醒？
是否確實遵行主的教訓？
是否隨時準備好來面對？
我是否善盡主所託付的使命？

抬起眼睛
仰望那明亮的蒼穹
那彩虹日落的絢爛
我們從祢所造的萬物認識祢
從清醒的心靈跟隨祢
船舶隨着層層波浪向前晃動
我緊緊地抓住船舷
倘若最終尋找不到永憩的船錨
我仍無法進入生命的平靜與奧祕！

主！
當真心地敬畏祢，

願我被聖靈擁抱，
那夢裏春風趕路，
凜冬散盡了，
人生客旅多少顏色，
抬眼皆是祢對我的溫柔，
一路繽紛與祢同行，
星河長明與祢同在，
這是我一生的救贖啊！

主啊！
我要感謝祢
引導我走出曠野；
我要數算祢的恩典，
要一個一個地數，
就知祢的美好及偉大，
祢的慈愛永遠長存啊！

我不過是塵土，
祢竟顧念我一切生命、

生活的所需且時時保守，
我所數算的不只是過去的事，
祢現在仍施慈愛，
祢將來也必施慈愛，
祢的慈愛永遠長存，
我不可忘記祢一切的恩惠。

思想過去多少人，
領受了耶穌的救恩，被祢拯救，蒙祢賜福；
但很快的就又全都忘了，
開始隨世人過放縱私慾的生活形式，
又不專心倚靠祢，
凡事倚靠自己，
一昧追求自己的私慾與榮耀。

是的，
不知悔改，
啜悔何用；
受贖重生，
折首不悔；
祢不只是神，
也是我們的主，

我們凡事都要聽祢。
我們活著時
就要多多地被祢所使用啊！
謝謝主，
過去所經歷每一個艱難軟弱，祢都拯救我們；
我們經常在卑微中被拯救、顧念；
卻又在安逸中、驕傲中得罪祢，被管教。
主，
我要牢記祢賜給的每一份恩典，
求祢
讓我明白所有的福分都從祢而來。
唯有祢是萬福恩源！
是的，
唯有祢對我的愛是永遠長存！

貝多芬的「田園」《第六號交響曲》

牧羊人在遠方樂天而悠閒，
笛聲飄揚於煦風中互相問安，
鳥兒吱啾婉轉飛越上空，
偶然雲煙升起遮住了日光，
又隨即飄走，
陽光再度照耀大地。
貝多芬是使古典交響樂邁入最高境界的作曲家。
喜愛無拘無束散步的貝多芬，
當耳疾限制了他和人類的交談後，
大自然就成為他傾訴心聲的唯一對象。

聖靈啊！
祢的風采，今生猶為撼動，
不過剎那間驚豔地與祢相遇，
即是我一生的倚靠！

莫教愛成為回憶，那是我愛的不夠；
莫教愛成為遺憾，那是我愛的不對；
只因真愛，還未找到，
找到，
莫教我未能盡心盡力地跟隨；

是的，耶穌！
祢將是我一生摯真全心地珍愛！

人生到底怎樣的愛，
有這麼大威力呢？
萬物皆會朽壞，
唯神的愛永不改變。
神差祂獨生子到世間來，
不僅犧牲生命，使我們獲救贖，
也做了我們的牧羊人，使我們藉著祂得生，
神愛我們的心在此就顯明了。
是的，
神愛世人，
甚至將祂的獨生子賜給他們，
叫一切信祂的，不至滅亡，反得永生。

神的愛是我們生活的核心，
無論是死、是生，是天使、是掌權的，是有能的，
是現在的事、是將來的事，是高處的、是低處的，
是別的受造之物，
都不能叫我們與神的愛隔絕；
這愛是在我們的主基督耶穌裡的。

神的愛是大有能力、永不止息，永不改變的，
使我們可以有信心面對每一天，
知道所有美善的事物都是祂所賜下的恩典，
我們也能倚靠祂的能力面對所有的挑戰。
在我們的一生中，
清楚明白神對我們的愛是最重要的。
是的，
讓我們跟隨神的愛，
…凡事包容，凡事相信，凡事盼望，凡事忍耐…，
永不止息…。
當聖靈澆灌，不論面對何事都非常有信心地
「凡事相信」，「凡事盼望」，
人會非常積極樂觀、
生命充滿動力，所以繼續往前衝；

這份來自神的愛，
永遠不會停止澆灌，不褪色、不減少，
永遠會湧流在我們裡面，不會收回、不會離開，
除非我們不要了。
世界上所有的愛都有時間性，
我們都需要從神而來的愛澆灌，
帶來醫治拯救，提升到更新質變。

是的，看那
祢使無變有，

大自然的一切奇妙
都是出於祢的傑作；

祢曾為祢子民所行的神蹟，
祢十次向埃及的法老王
和臣僕證明祢是真神，
並拯救以色列人脫離
為奴的痛苦，釋放他們得自由。

祢也曾為祢的子民掃除一切障礙，
特別那些與他們為敵，
不敬畏祢，專作惡事
又不肯悔改的民族與他們的王，
祢都將他們除滅，
並且把他們的地
賜給以色列人做為產業。
祢為祢的百姓伸冤，憐恤祢的僕人；
不像外邦的偶像，造它的和靠它的都沒有指望！

主！
孩子要來讚美祢！
因為
祢的揀選及恩典；
祢的救贖；
祢的應許；
祢的永恆；
祢的公義；
祢的憐憫；
祢是我們的盾牌；
祢的權柄，是隨祢的意旨而行；
祢的尊貴，是在萬神之上；
祢的創造，大自然的一切都是祢的創造；
祢是美善、聖潔、公義、慈愛、信實…等等的屬性。
願主，
讓我們不論在任何地方、任何時間
敬拜讚美祢的時候，都能以祢為中心，
讓我們對祢的敬拜讚美是蒙祢悅納的！
是的，
孩子為台灣及全地的疫情求告祢，
求祢領我們前面行，
為我們找安營的地方；

夜間在火柱裏，
日間在雲柱裏，
指示我們所當行的路；
求祢領我們到那比我們更高的磐石，作我們的堅固臺！
願祢使列國得以脫離疫情和災難，並堅固當地的醫療，
孩子要永遠住在祢的帳幕裏！
投靠在祢翅膀下的隱密處！
得著永遠的平安與保護！

祢的愛帶來了希望，
在我心中散發着喜悅的音符與香氣。
我從清晨到黃昏，……充滿著祢的看顧與呵護；
我在夜晚要訴說着祢的愛與我心中的喜悅！

貝多芬的「合唱」《第九號交響曲》，

那衝擊、革命、挑戰、歡欣、希望、鼓舞，
節奏氣勢從容且滂薄，
令人復甦生華……
如此富有包容性與生命力，
是貝多芬經歷了一生的苦難、衝擊，
通過歷練之後，
在晚年時期對生命的領悟與哲學思考的作品；
貝多芬背對著觀眾，伴隨著音樂
用全身肢體語言激昂洋溢地指揮著。
他如此投入，以至於到音樂結束時，
他依然沒有停下來。
直到一名獨奏手走近他，
讓他轉過身面對觀眾爆發出的雷鳴般的掌聲。
貝多芬此刻已經耳聾，聽不見任何聲音。

是的，
那
看風的，必不撒種，
望雲的，必不收割，
勿再猶疑愁慮不前；

早晨要撒你的種，
晚上也不要歇你的手，
因為你不知道哪一樣發旺；
或是早撒的，或是晚撒的，或是兩樣都好。
當我們眼見日光是可喜悅的，
人活多年，就當快樂多年，
視那傳揚福音，及時行善為喜樂；
然而也當想到黑暗的日子。
因為這日子必多，所要來的都是虛空。
我們享受
每一件傳福音及及時行善喜樂的過程，
就是盡心盡力去做，
並把一切的結果，都交給神。

在人生客旅中，當感覺勝於意志力，
使我們屈服於誘惑而後悔莫及，
惟晝夜思想祢的話語忍受試探的人是有福的，
經過試驗以後，必得生命的冠冕。

主！
人生必須展鷹翔

一旦受贖忘背後
治死老我祈聖潔
專注目標向前行
惟獨倚靠主話語
聖靈輸忠緊跟隨
耶穌中保莫辜負
進入殿堂了平生
是的，
我們所敬拜的祢，
是無所不在的，祢也不休憩，
時刻與我們同在和看顧我們，
我們無論什麼時候願意親近祢，
祢就必親近我們。

我們信祢，跟隨祢，
不單是祢的兒女的身份，也是祢的僕人；
是的，
當我們被祢從仇敵魔鬼和罪惡當中拯救出來之後，
我們有權利和義務在祢面前終身用聖潔和公義來事奉祢，
不僅僅是白晝和黑夜，

每時和每刻，
都應該敬拜和事奉祢，
也不是只有星期天早上而已，
更不在於地點如何，
而是在於「有心」與否，
唯有「用心靈和誠實」的敬拜，
才蒙祢的悅納啊！

是的，
祢知道我們各種的掙扎，
祢知道我們各種的有限，
祢知道我們渴慕的突破，
祢知道我們事奉的心思，
祢知道我們各種的需要，
祢知道我們曾受的傷痛，
祢知道我們隱藏的失敗，
祢知道我們明天會如何；

願我們每一個
甘心樂意敬拜和事奉祢的人，
都能得到祢的賜福！

親愛的天父！

感謝祢
在我們生命成長的需要上，
祢造我們每位肢體都不一樣，
讓我們在彼此同工之際，
以『和睦同居』為我生命的標準；

是的，
我要存謙卑的心，
各人看別人比自己強；
要彼此同心，不要志氣高大，倒要俯就卑微的人；
不要自以為聰明，不要看自己過於所當看的，
要照著祢所量給人的，看得合乎中道；
不可貪圖虛浮的榮耀、不爭權奪利，
凡事不可結黨，不要搞小團體；
不要輕易發怒，生氣不可含怒到日落，
與喜樂的人要同樂，與哀哭的人要同哭，
各人不要單顧自己的事，也要顧別人的事；
愛弟兄，要彼此親熱充滿熱情，
恭敬人，要彼此推讓，
缺乏時要彼此幫補；

逼迫我們的，要給他們祝福，
只要祝福，不可咒詛；

主！
我們願意讓聖靈大大的在我們生命中澆灌工作，
光照、修剪、管教、更新、恢復；
求主憐憫，
使我們和睦同居，
求主澆灌，
那合一的恩膏，臨在我們身上！

我們一生的成敗在於祢，
不僅要與祢同行，更要贏得祢的喜悅！

是的，主！
祢是愛我們到底的主！

祢從我們在母腹中就認識了我們，
為我們預備了身體，賜我們器官運作的功能；
感謝祢！
在我們成長過程中，把我們托住，
我們願將跟隨祢的心志，被祢塑造與建立。

謝謝主，
給了我們雙重的恩典，
不但拯救了我們的靈魂，
同時也醫治我們的身體，
讓我們經歷到禱告的能力；

主啊！謝謝祢
使孩子的身體成為聖靈的殿，
這殿是我們禱告、尋求祢的聖所；
求祢潔淨我們的內在，
包括我們的健康問題，
讓我們擁有健康的靈魂和身體，
都能被祢大大的使用著；

是的，逐漸健壯，如同靈魂興盛一樣，
好讓我們像迦勒一樣，到老都事奉祢！
並將榮耀歸給我們至愛的主！

我們在祢的愛裡成長，
在軟弱中得著剛強，在困頓中得哉安慰，
在創傷中得到醫治，在沉淵幽谷裡的得著曙光，
更在失望與喪膽中重拾信心，再次生發活潑的盼望！

貝多芬的《第五號交響曲》「命運」，

創作此曲時，他正深受耳患失聰的煎熬，
但他決心與命運爭戰到底，不想讓耳鳴毀了他的一切。
樂曲正表現人們與命運搏鬥，
從黑暗走向光明，卻又擺脫不掉命運的枷鎖，
震撼感人，最終取得勝利。
他戰勝了自身的痛苦，他超越了人類的極限，
在無聲的靜默中創造出如此澎湃的音樂。
是的，有人說命運就像一條河流，
有時平順，有時湍急，會遇到不同的河岸，
有時河岸的風景很美，有時卻是泥沙和浮萍，
我們不知何時寧靜，何時澎湃？
有人會試著逃避，也有人會試著面對！
主，願祢帶領，我一心要知道，
要考察，要尋求智慧和萬事的理由；
又要知道邪惡為愚昧，愚昧為狂妄。
那智慧人
就是敬畏祢的人，不敢得罪祢，榮耀都歸祢；
是的，
這樣的智慧，祢就會保護我們，
使我們能喜樂、能看的正確。

面對神所預備給我們的事，
都要快跑、力戰、智慧、明哲、靈巧，
不抱怨並求神帶領與成全。
我們不知道神的定期是什麼時候，
但若不是耶和華要建造，
人就枉然勞力，
若不是耶和華看守，
看守的人就會枉然警醒。

若人生是一趟客旅，那不虛此行或悵然此生，
在於你路上的印泥，是否有與神同在的足跡，
你留下歲月的痕跡，是否有與神同行的光影？

見日光之下，

快跑的未必能贏；

力戰的未必得勝；

智慧的未必得糧食；

明哲的未必得資財；

靈巧的未必得喜悅。

所臨到眾人的是在乎當時的機會。

當行義時

不要有太多的自我，

否則會變成自義，自取敗亡。

我若犯罪就要快快悔改，

不要愚昧、不悔改、一犯再犯，尋死路。

是的，主！

我不要再行義過分，

也不要過於自逞智慧，

何必自取敗亡呢？

我不要行惡過分，也不要為人愚昧；

要持守作個敬畏祢的人，

使我必從這智慧與公義出來。

是的，

找寧可在安靜之中聽智慧人的言語，
不聽掌管愚昧人的喊聲。
祢的智慧會使智慧人更有能力，
更有智慧的，就更敬畏祢。
智慧勝過打仗的兵器；
但一個罪人能敗壞許多善事。
他的人生沒有神，完全是虛空的！

我們不要被人虛浮的話欺哄。
我們大多數人寧願"被愛"，而不是"去愛"，
在世俗中，靈魂所遊蕩的事物卻是只在乎自己，
豈知與祢在世上離別之時，也是與祢相聚之日。

第三號交響曲：「英雄」

是貝多芬在法國大革命動盪時期的作品。
他喚起人們面對挑戰時的情緒變化，
演繹著人的快樂、悲傷、困惑、掙扎、激昂
及獲得最後勝利等等的起伏情感；

使徒保羅用的不是樂譜，
而是上帝所默示的話語；
他遇見主後，一生走在
為主而活，榮耀主的路上。
傾盡敬畏，火熱的心，專注，謙卑，
奮鬥的心志，甘心的侍奉，才能主動的侍奉。
他不以為自己已經得著了，只有一件事，
就是忘記背後，努力面前的。
他一開始也是為信徒滿心喜樂地讚美上帝，
隨後為著教會出現紛爭而憂傷難過，
接著又喜樂地鼓勵有恩賜的人，
能夠一起同心來服事主！
他希望我們能夠一同經歷
上帝的慈愛、
由聖子耶穌基督帶領

並接受聖靈的感動，
讓每一位屬神的兒女都有份；
是的，主！
親愛的天父：
求祢教導我如何與人和諧的互動，
幫助我更多仰望耶穌並倚靠聖靈，
更多地明白如何在所有的人際關係當中
譜出『與祢一起得勝的樂章』！

天際白雲如蒼狗 · 西風捲雨上半天
商舟隨潮遠暗礁 · 功名萬里忙如燕
祈主同行與引領 · 得勝真偽已不驚

親愛天父！
祢是創造宇宙萬物全能的真神！

我們在世上，

怎能比祢公義？

怎能比祢聖潔？

唯求祢

引領我們一切，

管理我們一切，

帶著我們一切，

讓我們的一切有祢的同在！

感謝祢的揀選，

孩子向祢敬拜，

因為我們沒有任何一點好值得祢揀選，

在我們的成長道路上，

也常一直的叛逆偏行己路，叫聖靈擔心，

但祢仍將受膏者的職份託付我們，

教導我們成為生命中有『救恩』的基督徒，

讓許多人因主恩典而歡呼喜樂。

是的，

祢是樂意與人同住的神，

祢喜歡住在謙卑的、會認罪的人心裡；

祢喜歡住在那聽到祢的話就發抖的人心裡。

求祢赦免我們愛祢太少，未如大衛般渴慕祢的同在；
求祢更新改變我們的心，能更專一來愛祢、尊崇祢；
是的，
孩子願意聽祢的話，祢就越願意垂聽孩子的禱告，
孩子肯事奉祢，祢就更大的看管孩子，
孩子肯跟隨祢，祢就更大的與孩子在一起。

求主帶領我們
不只是在聚會中找上祢，
更是在心裏面回應祢的感動與呼召，
真正接受祢成為我們一生的救主與人生的主，
走進祢豐盛平安喜樂祝福的國度裡！

人和人相遇，

要靠耶穌；
人和人相處，
要靠耶穌。
思念耶穌，是一種溫馨；
被耶穌庇護是一種幸福。
人生
最嘆的是不信耶穌，
最美的是相信耶穌！
耶穌，
是我貼切的默契；
是我人生的深交。
只有耶穌
是欣賞我的朋友！
是正能量的朋友！
是為我領路的朋友！
是肯指點我的朋友！
是不放棄我的朋友！
財富不是永遠的朋友，
耶穌卻是永遠的財富！

我們不忘

我們是

蒙恩的罪人，

蒙愛的兒女，

君尊的祭司，

蒙召的祭司，

殷勤的農夫，

忠心的管家，

聰明的童女，

十架的精兵，

我們要儆醒，

儆醒成為祢神國的子女，

我們要認識基督福音的託付，

我們要領受關切肢體職分的託付，

我們要傳揚基督福音的託付，

我們願跟隨耶穌基督同行，

我們是基督道成肉身的見證人，

我們是使萬民做耶穌基督的跟隨者。

謝謝祢，

祢與我們同在，
祢讓我們在這裡敬拜，
祢讓我們在這裡與祢聚會，
是的，
祢是我的磐石啊！
我們願手潔清心，
不向虛妄，誠實心靈，
登上祢的聖山，
站在祢的聖所，
祈蒙祢在我身上的賜福。

謝謝祢接待我們每一位信祢名的人，
願我們口中的言語，心裡的意念，
在祢面前是蒙悅納！
讓我們照著祢的話語與祢同行！

主啊！
我一生是靠著祢抬舉自己，

人不可舉起自己，

我不敢狂傲，

祢永遠是創造者，

我只是受造物，

我若被升高、那是恩典，

無論我被升到多高，我仍是人啊！

孩子跟隨祢，

就要認定一件事，

就是

不狂妄，不驕傲，

不藐視他人，不自大，不自以為是；

是的，

當我自以為能看透萬事，

做出最佳選擇時，

驕傲卻可能蒙蔽我的眼睛，

使我跌倒。

但當我們仰望祢的時候，

我就可以完全放心，
平靜安穩向前行。

是的，
讓我緊緊地跟隨祢！
或卑賤，或豐富，
或飽足，或飢餓，
或有餘，或缺乏，
隨事隨在，
只需捫心自問，
是否除去我狂妄高傲的心，
回歸到祢跟前。
孩子懇求祢，
使我在祢的擁抱中安穩平靜，
將一切交託。
即使許多事情我並不清楚，
但我知道祢與我同在，
從今時直到永遠！

主啊！
孩子為那家中孤苦的靈、

心裡孤獨、憂悶、沒有盼望、心神不寧、情緒低落、
失眠、出虛汗、工作效率低下的家人肢體禱告。

是的，

那瘟疫

使我們無法從人群中

為我們攫取一份歡笑，

幾近讓我們在口罩裡

禁口了我們私慾的蠢動，

也讓我們無法在塵囂中

為祢傳揚福音，

為了抵擋那孤獨的心靈，

有些已身心疲弱；

但是，主，

我們在線上與祢相聚，

謝謝祢，

讓我們更在靈裡，

與祢訴求我們的負擔，

且讓我們靜靜的

期盼那造物主祢的愛，

造訪漫進我們的心裡。
主，
我們是祢神國的子女，
是祢忠心的管家；
我們的禱告是充滿信心的，
那信在我們心中有多大，
我們得勝就有多大啊！
我們不被
那世界及瘟疫所帶來的孤寂，
感到莫端的惶恐，
因著祢早賦予那
喜樂的心，
和聖靈九果在我們靈裡，
是的，
在祢裡面，
我們已勝過一切仇敵的干擾！
是的，
求祢陪伴我們的禱告，
使我們的能力
征服烈火的猛勢，
箝制住獅子的震怒，
安定混亂的局面，

消彌瘟疫，
驅除不安的魔鬼
在我們的心思意念裡，斥退一切虛慌，
讓我們緊緊地跟隨祢，使一切心中的霹雷止息。
是的，
祢賦予我們的禱告，
是我們全方位的盔甲，
無價的珍品，無盡的寶藏，
烏雲無法遮蔽的高空，
風暴不能侵擾祢的慈愛。
是的，
惟信靠耶穌，
祂能真正拯救、幫助我們。
祂了解我們的渴望和需求，
除祂以外，
在天下人間沒有賜下別的名，
我們可以靠著得救。

求祢斥退那身上孤弱的靈，
孩子們跟隨祢，
因祢與我們同在，同行。

主啊！
我來到祢面前的態度，

不是只有受洗的身分，
更要有跟隨祢的生命；
要常有罪人的告白，
要看清自己的罪孽、捆綁、不潔、
被仇敵壓制的地方，一切的深處，來向祢呼求；
要脫離那罪人的舊生命，
全心跟進順服祢賜予的新生命；
是的，
我即使在多深的深淵，
離祢有多遠，
求祢聽我的禱告；

主！
孩子真心等候祢，
敬畏祢，仰望祢，
怕祢不赦免我的罪、
怕祢不向我說話；
孩子等候祢的赦免、
等候祢的潔淨、說話、差遣，

孩子這樣等候仰望，

必定經歷祢向我說話，

祢的慈愛及豐盛的救恩，就必然臨到我；

是的，

孩子是破敗的、是不堪的、

是隱藏在深處的，

但因為祢那救罪之恩，

使我可以從深處求告祢，

使我在破碎之處抬頭仰望祢；

主啊！

孩子必然在祢救恩的泉源當中歡然取水，

孩子感謝祢、敬拜祢、全心等候祢，

勝於那看更守夜的人等候天亮；

求祢使孩子

心得喜樂、

靈得滿足、

得享安息。

因為祢是

使孩子在深處抬起頭的神，

願一切榮耀都歸給祢。

是的，主！
祢要我們的悔改

不是一個宗教的儀式，

不是一個外表的形式，

不是一場激情的表演，

祢是鑒察人心的主，

祢要的是我們內心真實的悔改，

不只是後悔，

而且願意改變回轉歸向祢，

不再偏行己路，

就是最實際的悔改啊！

親愛的主！

我在很多時候落入灰心失望中，

是因為沒有倚靠祢啊！

更多時我忘記祢是造天地的主，

忘記了祢的能力；

看到那惡人的攻擊

好像繩索的捆綁、

好像耕犁的殘酷，

想到那過去祢如何

以十災擊打埃及、分開紅海，

今日也正在工作。

主啊！
祢是公義的，
祢要施行最公義的審判，
也要保護、憐憫祢的子民，
這是孩子們的讚美。

人非聖賢，熟人無過，
犯錯不可怕，
怕的是不知錯在哪裏？
祢的話語是一種良知，一種感激，一種理性，
一種大度，一種謙遜，一種浪漫……
更是救贖與機會。

求祢向我說話，

以致我可以常常抬頭仰望祢。

倘若聖靈光照，

想起以前仇敵對我的苦害、捆鎖的日子，

或有很多受傷的地方仍未被醫治，

求祢的靈就深深進到我的裡面作醫治工作；

因為

祢是那聖潔公義的主，

我將我的苦難交給祢，

等候祢公義的判斷，

求祢就除去仇敵的繩索，

幫助我在患難中

仍有一顆祝福的心；

那逼迫我的，

要給他們祝福，

只要祝福，不可咒詛。

我們以祝福來面對逼迫，

是對我們的一種保護，

讓我們不致落入懷恨的心；

是的，我們不可為惡所勝，反要以善勝惡。
「不要自己伸冤，寧可讓步，聽憑主怒」，
我們要信任祢的公義，
相信祢會做最好的判斷。

是的，
孩子要常常記得，
祢是造天地的主，
只有祢能真正幫助我們，
我們要時常倚靠祢。

謝謝主，祢對我是如此的好，
我要聽從祢的聲音，
在海面上看到祢的笑顏，
祢比溫和的陽光還溫暖。

細雨斜風作曉寒，

人生長嘆水常流，
物是人非事事休，
傲頸抬頭跟隨主，
因祢掌權一切悟；

人生的快樂源於敬畏與順服祢，
敬畏祢是一切真幸福的基礎。
是的，
敬畏祢的人是活在
祢的引導和能力中生活的人；
祢要賜福給選擇敬畏祢和遵行祢道的人；
是的，
日光之下，沒有新鮮的事，
人不是自己生命的主宰，是祢所賜的；
人的勞碌都為口腹，心裡卻不知足。
是的，
若不滿足，終生喜樂，與人分享，又有何用呢？
這對於我有啥益處呢？還是愚昧啊！

孩子願意立志過著

「以祢為中心」生活的人，
願意專心一意地信靠祢，
所言所行、所作所想，
會以敬畏祢、凡事討祢的喜悅，
成為我生命的優先為要務。

是的，
祢必按公平引領謙卑人，
將祢的道教訓我。
凡遵守祢的約和祢法度的，
祢都以慈愛誠實對待。

孩子求祢
在祢的看顧與保護下，
使家庭、生活、工作、
事業，乃至於社會與國家，
皆能享有平安富足。

求祢幫助我們
在生活各方面都敬畏祢，
能遵行祢的道，
成為大蒙祝福的人。

生活中有祢的參與，

是與祢同工的人；
生活中沒有祢的參與，
是沒有經歷祢同在的人。

主啊！
我們日常的生活，
包括吃飯、睡覺、工作，
休息、尋求保障與安全，
生兒育女、生病、急困、家庭生活……
我們在這些日常生活中，
要經歷祢的同在，
要有祢的參與，
要有祢的祝福，
要讚美祢的經歷；
反之，
我若沒有祢，就算再努力，
我人生仍是一切枉然虛空！
就像在葡萄樹的枝子
離開了葡萄樹一樣，
再怎麼努力，也沒有果效！

親愛的主，
我每天都要將所作之工，交於祢手，

尋求祢的心意與祝福，

祢是賜福予我的主，

請幫助我作的每一件事，都能先討祢喜悅。

幫助我

一切因全然交託而安然躺臥；

幫助我

教會事工均是榮耀祢；

幫助我

家庭生活和樂，

孩子們都能強壯的成長；

幫助我

沒有染上瘟菌，

且與祢同行，幫助患難的人；

我們生活、動作、存留，

都在乎祢，

我們的生命是祢所賜；

祢是賜我貲財豐富，

使我能以吃用，

能取自己的分，
在我勞碌中的喜樂，
這都是祢的恩賜。

孩子不忘記祢的恩典，
並且將榮耀都歸給祢！

我要保守我的心，勝過保守一切，
因為一生的果效，是由跟隨祢的心發出。
我們生命的支撐點，並不在生命自身之內，
而是安放在聖靈之內。
我是塗飾人生，還是精進人生呢？

世界上並沒有真的幸福，

惟有在基督裡的人，
在各樣的環境中都有平安喜樂。
在基督裡豐盛的生命，
是與主緊密地聯合在一起，
因基督而多結果子，
神並不是只向少數人這樣要求，
乃是對每一個基督徒都有此願望。

智慧、喜樂、知識、富裕等，
如果是用謙卑、信心、順服神的態度，
在神的權柄和主權之下，好好使用，絕對是美好的；
如果用在世俗、滿足肉體、自私的事上，
就是狂妄、愁煩、捕風，
增加更多的憂傷、煩惱，
落入更大的空虛。

屬靈的聰明人可以參透萬事，
相信神的話，
神說是錯的，他就不去做。
最愚笨的人是一定要在

罪惡中翻滾到最後遍體鱗傷了，
才相信原來神的話是對的。

唯有好好敬畏神！
敬畏神，所有的事物都可以幫助我們；
不敬畏神，賺得的都叫做愚昧。

看那一縷清風掠過
望眼蒼茫的高原，
長江黃河翻湧的波濤，
春綠了山坡田間，
荷妍在渥雨朦朧的清雅，
秋楓洗染了江山如畫，
雪山融化歸來的孤雁，
揚起一曲穿越了千年塵封
和歲月滄桑的詩歌；
我是否在塵世
仍自以為義的執迷與縱情，
忘記了祢，是一切恩典的泉源！
那

溫暖希冀，
真正幸福，
祢早已為我們準備；
願祢為全地
施展那屬靈合一的心跟隨祢，
抹滅那世上
國家的政治意識及爭鬥型態！
主啊！
我向藍藍的天空仰望，
大聲呼求愛祢今生永不變！

山色巍然掠眼眸　‧　渺渺長懷歸何處
一枕南柯即逝去　‧　祈領授我清新句
管它波底起暗礁　‧　萬壑勢迴祢同行

感謝主，
那流淚撒種歡喜收割，

是我們傳福音的一大激勵。

唯有流淚撒種的，
才能真實領受歡喜收割的喜悅
及其長存的果效。
因此孩子不管得時或不得時，
務要竭盡心力傳揚福音，
我們確信這些勞苦，
在主裡面不是徒然，
必定得蒙記念。
主！
所以我向軟弱的人，
我就做軟弱的人，
為要得軟弱的人。
向什麼樣的人，
我就做什麼樣的人，
無論如何總要救些人。
是的，
我為選民凡事忍耐，

叫他們也可以得著那
在基督耶穌裡的救恩
和永遠的榮耀。

我是地上的小草，
享受着祢的風的輕拂；
我是地上的花朵，
沉浸在祢的光照與甘霖。
祢的意念高過於我的意念，
我因為祢的愛和同在而完全信靠祢，
我不看環境全心奔向祢，
進入祢豐盛的命定裡。

是的，主！
在這疫情期間，

因著祢與我們同行，

我們只有敬畏，

沒有畏懼！

我們要在祢面前歡喜快樂，

開心跳躍，

因為祢確實早已

為我們行了大事，

我們要為一切所經歷的感謝祢；

更要向祢祈求，

求祢興起更多的子民，

來向祢呼求；

我們行道，不可喪志，

若不灰心，到了時候就要收成了；

是的，

那福音的傳揚、

公義的彰顯、

生命的成長，

必須撒種和澆灌、耐心等候。

那撒種和等候的辛苦，

流著眼淚只是一時的；
求祢引導我們的方向，
使用我們所做的工，
也堅定我們的信心和力量，
帶領我們直到我們歡呼收割；
是的，
當那天臨到時，
那個美好的豐收
要讓我們歡呼喜樂啊！

宿雨破曉江海上　·　一抹波痕咏詩歌
與祢為伴未寂寥　·　早晚灑種不怠歇
撥雲見日信心生　·　天際雨晴終有時

月有盈虧，

花有開謝，
均為主造物美意！
孩子若是
相思相望不相遇，
恐怕殿前淚垂面，
只願我心向主心，
聖妝裝扮問新郎，
莫待與主相見時，
愧負主已捨恩義！
主！
感謝祢的慈愛永遠圍繞我們，
在我們所有困難裡必有出路。
求主幫助我們更專心倚靠祢，
更願意把時間精力
都放在祢身上，做祢所喜悅的事。
是的，
孩子信靠祢，
祢將為我擺脫惡人的詭計，
也必躲開仇敵一切帶著火焰的飛鏢。

我們一生的平安不是來自人，
而是來自祢！
我們要定睛仰望祢，
不因人的因素或外在環境而失去對祢的信心。
主！
懇求祢親自成為孩子生命的磐石，
使我們對祢的信靠永不動搖。
是的，
不管我們需要面對什麼，
不管我們
能力如何、
狀況如何，
只要我們倚靠祢，我們就不用擔心與煩惱。
祢幫助我們的時候，我們永不動搖；
我們知道祢會圍繞保護我們，帶領我們勝過一切。

求祢堅定我們的信心和力量，
與我們同在，
我們一生全心倚靠祢。

主，
祢是創造天地的主宰，擁有無限的資源，

宇宙萬物都在祢的監察之下，順從祢的旨意。

祢喜悅經歷過憐恤與慈愛的人，將榮耀歸給祢！

是的，
當世界正如
像咆哮的洪水掃蕩我前面的一切，
像兇烈的猛獸吞吃我手上的一切，
像荊棘的網羅陷入我動彈不得；
我們的幫助，僅在乎倚靠祢！
我們遵守祢的道，
行在祢的路上，
祢必幫助我們，
我們不必懼怕，
祢是我們的保護者，嚮導與看顧。
祢是我們肉眼不能見，
卻以信心覺察祢在我們的跟前。

主啊！
祢喜歡我們相信那

拯救源泉的正確承認；
但我們祈禱實現、
危機過去以後，
我們往往會忘記這福惠的泉源啊！

是的，
孩子要來稱頌祢，
祢的愛不僅使我們衝破世界的網羅，
更沒有讓我們掉入敵人的圈套裡，
當我們的生命在祢裡面，祢就一直在保護我們啊！

孩子要在祢及人面前去述說
我們生命的見證，祢怎樣幫助我們啊！

謝謝主，
祢是以便以謝的主，
到如今都幫助我們。
讓孩子藉著見證祢的作為，
堅固自己的信心，
全心信靠，
安然等候，
一生跟隨祢，
也幫助眾人都來信靠祢的幫助。

主啊！
我的信心和盼望的眼睛，始終仰望祢。

求主憐憫那謙卑仰望祢的子民，
阻擋那驕傲不敬祢之人的藐視。

孩子願遵守祢的教訓，
那「驕傲人」
都是靠自己的聰明和人的力量，不把祢放在眼裡啊！
他們看不起受苦、貧乏卻倚靠祢的人。
那「安逸人」
狂傲自以為義，未曾經歷過屬靈苦難或被祢之懲戒的
人，
他們遠離祢的律法，自認可以享受到
肉體的安逸與屬世的短暫太平。
然而這絕不能成為真正的平安，
因為惟有祢才能賜下真實而永恆的平安啊！

求祢，
保守我們的心，
使我們不致成為「驕傲人」及「安逸人」，
讓我們一起仰望祢的帶領。

是的，
當我們四面受敵，

我們是選擇仰望祢的幫助，
還是尋求人的方法呢？
孩子知道，
如果我們是尋求
世界的手、
世界的方法，
我們只會招來譏誚、藐視和傷害。
因為祢才是我們一切祝福的源頭，
我們的一生就是要去見證祢的榮耀
並在我們生命中的作為。

是的，
求祢憐憫我們，憐憫我們！
因為有時我們被藐視，已到極處啊！
祢確有其最好的時間，祢會憐憫我們，
也會憐憫逼迫我們的人，
只要我們一直等候祢的憐憫，
祢最終是會出手的，神蹟是會出現的。

是的，
那等候祢，
對我們的生命是有益的，
是人生方向的功課啊！
祢往往要我們等候，
很多時候祢不會
即時回應我們的呼求，
即使我們被藐視已到極處。

主啊！
讓我們每一個人舉目仰望祢，
因為祢是我們生命的主，
我們生命的好處，都不在祢以外啊！
那世界在撒旦手裡是何等凶頑，
但孩子堅信倚靠祢，撒旦就退去。

孩子在這裡呼求祢，
求祢！
除去我們，心中一切的蒙蔽，
讓我們看清楚我們的幫助是從造天地的祢那而來；

憐憫我們，拿去我們生命中的苦情，

叫我們知道離開了祢，我們真甚麼都做不了啊！

求祢！
親自按手
在我們每一個人的身上，
讓孩子們
凡事都全然交託與祢，
由祢帶領前行！
是的，
祢是慈愛、憐憫又大有能力的，
凡仰望祢的，便有光榮；
我們的臉必不蒙羞。
願定睛仰望祢的人都得幫助！

祢的手是保護的手，願我莫離祢的處所

我人生的方向，

無論做甚麼工作、居住在何處，
生命的方向都是向著
祢的居所耶路撒冷啊！
耶路撒冷啊，
我的腳站在祢的門內。
當我看到有人說
要往祢的殿去敬拜的時候，
我的心就歡喜！
因為一日在祢殿裡，
勝過在世上千日！
我的心歡喜，
我的靈快樂呀！

求主，
開闊我們的心胸，
讓我們不單只在乎自己的需要，
也能看到更大的需要，
並且常常為這一切禱告，
以至我們也蒙福！
是的，

求祢與我們同在，
讓我們跟隨祢的愛和平安
一起運行毫無阻礙！

請將我放在祢的心上如印記，
將我帶在祢手臂上如戳記，
祢的愛情堅貞勝過死亡，眾水不能熄滅不能淹沒。
願我與祢的婚禮的記憶存至永遠，
願我跟隨祢純摯的情誼與日俱增。

獻給
天上的父，及

生身的父

碧天朗朗

情義如恒

一步一顧

生我撫我

長我育我

德高良教

父愛日暉

憫愛我心

公義同行

為吾冠冕

感恩相伴

祭壇之火

永不止息

禱告之手

永不歇息

父，我愛祢，
親愛的主耶穌，
祢曾降生在世上，
祢曾做過人子，
祢體會到做父親的心境，
祢曾與肉身的父親一起工作，
盡做子兒的孝道。

我們感謝祢
留下這個好的榜樣，
讓我們學習盡兒女的責任，
知道要怎樣來盡兒女的孝心。

父親節，
除了用感恩的心
來感謝我的父親，
我當盡我做兒女的本份，
供給父親的需要。
懇求天父，
施恩於天下
生身的父親身上，
賜給他健康、
賜給他快樂、
賜給他祢永遠的愛。

主，我們的年歲短暫，

一生或許有勞苦，
有患難，有病痛，
但我在祢手中，卻無可畏懼。
因為祢，使我得嘗飽足，
如同湧流不絕的泉源，
不斷滋長出平安與喜樂！

看那約書亞，
他將順服祢列為生命的最優先，
他絕不會等著看群眾要怎麼做，
他從永恆的視角
而非短暫的情況做決策，
他行動果斷，堅決專一跟隨祢，
他知道祢指定的事，
是正確的事，絕不動搖，
他信靠祢，不依靠自己的才幹，
他知道要影響他人，
自己必須挺身而出承擔責任，
他將榮耀祢作為自己最高的目標；
是的，

他全然遵行，率領團隊繞城遊行七天十三次，
信心等候那城牆倒塌；
那「信心的表現」，是不簡單的，
信神的對立，竟是我們在世上肉眼自認為的理性啊！

我們是否
常常不讓神的光照進來，往往就因我們
那內在自以為是的堅固營壘無法攻破，
我們是否不能
愛神所愛，
惡神所惡，
絕不妥協，
神給予我們的吩咐，
卻原地打轉，又怨聲四起；

我們是否
專心聽命神的話，勝於獻祭，
順從神的話，勝於我們擺上貴重的祭品
那些外在的表象，整天喊著
主啊！主啊的！是不能都進天國的！

主，
祢是守約施慈愛的神啊！
祢大事、小事不忘記，
我們的頭髮祢都算過，
那喇合的紅繩祢也不放過，
祢總在我們敵人面前
為我們擺設筵席，
祢用油膏了我們的頭，
使我們福杯滿溢！

願我們都是祢要找的對的人啊！
我願一生一世跟隨祢，
住在祢的殿中，直到永遠。

慕恆是多少人心裡的尋求，
唯有祢能為我們達成！

我要向山舉目，

我的幫助從何而來？

我一生所有真正的幫助都是從祢那而來。

是的，

我的一生並不是沒有難處，

沒有失望，沒有傷心。

但是我不看環境與困難，

單單舉目專一地仰望祢！

祢的確是那又真又活的幫助，最根本、最親切、最睿智、

無法測度。

那屬祢的人

日夜有祢看顧，祢的保護且日日更新，又完全妥當。

無論已知、未知、

白晝、黑夜的危險、

瘟疫、乾旱各樣天災的襲擊，

或龐大的勢力、陰險的計謀，祢都能勝過。

是的，

白日，太陽必不傷我；

夜間，月亮必不害我。

孩子求聖靈幫助我，
要更儆醒活在祢的面前，與祢連結，
住在基督裏，接受祢的保護！
而不是活在悖逆與黑暗之中，與祢隔絕！

我的靈要連結祢，
來控制我心猿意馬肉體的心，
使得我有聖潔的身，聖潔的殿來跟隨祢！

為什麼人總是遇到困難

才懂得去親近祢，尋求祢！
主啊，
求祢救我，
保守孩子的心和舌頭，
不偏向邪惡，脫離說謊和不說詭詐的話，
學習做個正直人啊！

因為祢是一個滿有公義慈愛的神。
當我來尋求祢，求祢就引導我當走的路，當住之地。

看那世人啊！
孰不想
時光靜好與君語，
細水流年與君同，
但
繁華落盡君不同，
心有神兮勝世俗啊！
是的，
我們要大聲宣告祢的名，
我們要跟隨祢在生命中得勝！

我們爭戰的對象，
是世界帶來的謬誤思想、藝瀆的意念、
以及灰心失望的種子、
還有諸般的罪惡，
比如不聖潔、淫亂、醉酒、挾制人、不忠誠等；
而我們爭戰的武器，不是刀槍長矛，
乃是靠聖靈的寶劍、神的道與禱告。
主，
祢恨惡一切罪惡，
所以祢與我們同去，將為我們爭戰。
若我們站在祢這一邊、
依靠祢，祢也必在我們這一邊；
有祢做我們堅固的靠山，
勝利是無庸置疑的。

主！祢的兒女在祢裏面

要彼此有交通；
在跟從祢的道路上，
要重視彼此在靈裏的交通，
而不是外面的交際。

孩子願一生跟隨祢，
求祢幫助孩子
在急難中求告就應允，
脫離那說謊的舌和詭詐的心；
學習用祢的話替代自己的話，
擺脫不敬畏祢的鄰舍；
在客旅寄居於世，
都要盡靠祢的恩典；
是的，
光照孩子，
進入孩子的心中，
在孩子的生命作主為王，
使孩子生命的每一個部份
都是以基督為首、為中心，
改變孩子成為祢所喜悅的樣式。

主啊！祢是我腳前的燈，

是我路上的光；
求祢賜我悟性，
我要承認祢的救恩與應許，
求祢將祢的律例指教我，
我要讚美祢公義的話語，
我要選擇真理的道路，
我要敬畏祢的話語，
我要喜悅祢的法度，
我要遵行祢的訓詞，
我要學習祢的律例，
我要紀念祢的典章，
是的，
祢是我的保護！
祢是我的教導！
是我最大的智慧之源！
是我永遠的產業！

我要將祢的話藏在心裡，
來成為我的提醒、幫助、安慰和力量。

是的，
那行為完全、遵行祢律法的，
這人便為有福！
遵守祢的法度、一心尋求祢的，
這人便為有福！

祢的話語是
人生的體悟，生命的禮物，
屬靈的軍裝，永憩的確據。

主啊！
我若需要找人幫助，

當然找個最大的，
那最大的就是祢啊！
祢才是最值得倚靠的一位！
祢是我最忠實的朋友，
祢曾經多次將我從
患難中拯救出來。
祢比世上的財富、名譽、
君王、智者、能人
或任何個人權勢的總和，
還要來得珍貴。

在這多變的世代中，
祢永不改變的事實
是我們莫大的安慰與堅固。

讓我在尋求人的幫助前，
先要安靜在祢面前，
稱謝祢，因祢本為善，
祢向著我的慈愛是永遠的，

祢說，
不要懼怕，祢必幫助我，
用祢公義的右手扶持我。

祢在我行過路上，為我披荊斬棘，
祢在我敵人面前，為我擺設宴席，
祢做我的王，使我成為主角，
把敵人變為朋友，向祢稱臣！

主啊！祢的真理和信實是永不動搖的，

當我越發地讚美祢，
就越深進入祢的恩典裡，
經歷轉化和改變；

因著祢那永恆不改變的約！
求祢光照修剪，
使我知道自己在祢面前的虧欠！

在今天這個瘟疫來襲的日子裡，
孩子仍要看見祢的豐盛慈愛，
求祢向我「大施慈愛」啊！

那「基督是一切、又在一切之內」
基督是我的公義、救贖、聖潔、智慧，
是我一切的一切，
在萬有中
都有祢的智慧，
都有祢的慈愛，
求祢繼續向我「大施慈愛」，
這是我的需要，我的懇求！

主啊，祢救我的命免了死亡，

這是我生命得蒙保守；
祢救我的眼免了流淚，
這是我心靈得了醫治；
祢救我的腳免了跌倒，
這是我靈命上得著扶持！

是的，
當黑暗與死亡有時遮蔽了
我們前面的道路，
讓我們不清楚該如何向前行，
是祢帶領我們
走過死蔭的幽谷也不怕遭害；
在祢的眼中，
我們的生命有時會經歷
家人的死亡、
關係的死亡，
心靈的絕望和死亡，
而人生最終我們也會
面對生命的終結和死亡。
但祢並不輕忽這些死亡，
而是與我們一同流淚，
並給予我們復活和釋放的盼望。

主啊！我們任何人都不能

靠自義來到祢面前，
我們能依靠的
惟有祢的憐憫啊！
我們在世上
不要再熱衷自我吹噓，
也不要心中存在自滿的傾向，
或希望得到別人的稱讚，
也不要奉承別人啊！
因為一切的事成就
都是祢自己的作為啊！

無論我在怎樣的困局，
不靠自己，
反要更奮力倚靠祢，
不論在職場或是服事中，
我便會發現，
當我倚靠祢的效果
會完全不一樣，
必比從前更輕省的。

歲若不寒霜無以知松柏，

人若不認主無以得救贖；
是的，
讓我們一生
都在傳講祢的話，
所行所為均為榮耀祢，
一切為榮耀祢而活，
一切為榮耀祢而做，
一生經營祢的同在和祢的話，
而不是經營
人對自己的喜歡和接納。

願我們
不要被世界的情況感染，
不要被瘟疫或艱困的環境所掣制，
願我們內心常成為祢的居所！
求祢讓我們所前往的每個地方，
帶領我們與祢的同在！

我不經意地只一瞥，

那萬千的海燕映進了眼簾。
他們不時的輕晃着頭，
沉醉在歡愉的舞蹈裏。
海浪追逐它們，
也一樣地狂舞着，
然而，
它們比那陶然於忻喜的海浪
舞得更為曼妙；

霎時狂風捲集著烏雲，
在烏雲和大海之間，
海燕像似幻化為黑色的閃電，
仍在高傲地飛翔。
我端詳，
我們花費了一生的心血，
直到有一天，重病或災難
將我們驚醒，即將來臨的死亡
粉碎了我們的幻想，並把我們
思想逐出隱藏的地方。

那所羅門王說：
日光之下凡事都是虛空。
惟有基督是包括一切，
因為惟有基督不虛空；
願我們一生
以跟隨基督作我們的萬有。

從高山到湖到澤，從湖澤到海到洋，
有時壯闊，有時低佪，
時而演奏不同的風聲與松濤；
那海燕舉起翅，卻無力，最後仍把一切交還祢帶領。

主！
祢超越空間，

祢超越時間，
祢看顧卑微，
祢是一切願意投靠祢之人的神，
祢樂意幫助我們每一個人，
願我們都來讚美祢，
把祢當得的榮耀歸給祢！

是的，
我們人生的勝敗取決於
對祢的信靠，
祢的誡命不是難負的軛，
乃是喜樂；
那敬畏祢
是一切真幸福和興旺的秘訣和源泉啊！

那跟隨祢，
不只是因為看到才去相信，
更是因為相信才看得到啊！

敬畏祢是智慧的開端，

萬物都是本於祢，
倚靠祢，歸於祢啊！

祢那使人得救的屬靈智慧，
遠遠超越一般的真理。
人生最大的智慧和幸福，
源頭在於創造人類的一
祢的手上啊！

祢是永遠配得讚美的！
我們每一個人都要在正直人的大會中，
並公會中，一心稱謝祢，
用全心全力全意來稱謝祢啊！

讓我們在對祢的敬拜音樂會上，
口唱心和地讚美祢，
沒有安排獻花給指揮、
獨唱者、合唱者、演奏樂器者……
讓我們更加專注頌讚祢！
單單把榮耀歸給至高的祢啊！

不是讓自己得到掌聲啊！

看那敬拜與感恩，
不是停留在「詩歌與音樂」的外表，
而是成就落實在「敬畏祢」與「遵行祢的話語」上，
讓我們敬拜、讚美與感恩有著悔改，明白真理，
活出真理的心！

看那讚美和敬畏，
唯一只有祢配得的；
讓我們的讚美能由心而發，
並且因真認識祢而生出敬畏祢的心，
以至蒙祢的悅納啊！

世界的道理，各國不一，只有祢的話語才是真理，
他們好像以卵擊石，終究使我們必須面對還是……祢！

謝謝祢在創世以來

就賜給我們一個永恆的誓約，
讓我們真明白
我們是得勝國度的子民，
並有一位甘心為我們犧牲
成為我們中保的耶穌！
是的，
我們要安靜自己在祢面前，
檢察自己的生命，
若有任何不潔的地方，
必須要向祢認罪啊！

願我一生
活在基督生命裡；
藉著耶穌基督，
不間斷地強化與祢關係的根基；
緊緊跟隨耶穌，是的，
我們有了祢的兒子就有生命，
沒有祢的兒子就沒有生命；
凡事交托耶穌，
是的，

信有多大，得勝就有多大；
我們常要省察
我們的心思意念是屬祢的，
而不是屬魔鬼的；
我們的世界是屬靈的世界，
是祢的考場；
我們要確行
體貼肉體就是體貼魔鬼，
順著情欲收敗壞，
順著聖靈收永生啊！

祢總是願意為我們多走一步，
引領我們前行！
我們願意讓祢住進我們的生命裏，
走向祢的美善、平安、和諧、同在的境界。

歲月留痕，滄海桑田，

只因生命有祢，就有盼望。
那過錯已是暫時的遺憾，
但錯過則是永遠的遺憾；
是的，主，
我要跟隨祢，
那沒有禱告的一天，
將是暗淡的黎明，
那「盼望」是隨着
「相信」的扶梯，
棲息在祢屬靈的「愛」裏，
時間對我已不再是無意義的空轉！
謝謝祢，我不再錯過！

我們基督徒的一生，
都要從心裡作，
像是給主作的，
不是給人作的！

孩子願意跟隨祢的帶領！

是的，
親愛的耶穌，

祢已坐在父神的右邊，
完全掌權，踐踏仇敵，
求祢
為我們在地上
賜下醫治與恩典，
為我們掌權除去這場
世界大瘟疫的苦害，
乳養我們在祢恩典中；
更為我們在天國的產業
幫助我們起來奮勇爭戰，
讓孩子參與在祢終末之戰之中，
與祢一同得勝掌權。

主啊！
我是否能在他人以惡報善，

或口出惡言時，
仍然信任祢的恩典呢？
保守自己不沾染污穢，
不以惡報惡，
守住自己蒙祝福的地位呢？

主！
求祢幫助孩子用一顆蒙愛的心，
保守孩子的心思意念，
活在蒙福的地位之中。

求祢幫助孩子知道
唯有依靠著祢的恩典和憐憫，
才能改變一切；

求祢賜給孩子有一顆願意的心，
不以血氣的反應來面對困難，
而是願意凡事交託給祢。

世界蒼白了我的等待，

惟有祢復興了我今生的盼望，

那天地遠闊，無不都在祢眼下！

剎那芳華

清風拂山

若與主行

雖入江湖

閱經禱告

不離不餒

且共從容

是的，主！

祢的慈愛大過諸天！

祢的誠實達到穹蒼！

祢的崇高過於諸天！

祢的榮耀高過全地！

祢是萬有之首，

願我一生堅定地跟隨，

在各種挑戰中，

無論是生、老、病、離，

即或是現處瘟疫的困境，

求祢與我們同行，

讓我們支取祢的智慧與能力，
一生爭戰得勝，
並將得勝歸予祢。

有祢陪在身邊，這蒼白的世界，
終於能夠漸漸回到原本它的起點

主啊！
祢是一切善良的源泉，

祢的本質就是愛的源頭；
祢的光照和啟迪能驅走
一切因愚昧而帶來的黑暗啊！

祢使我們有一雙別於
世界的眼目能定睛於祢的面，
能持定那永恆的生命的決心；
願祢的憐憫慈愛在我們當中，
我們是那寶血重價所買贖的，
我們靠祢的恩義而喜樂！

我們要用誠實和心靈的常常地讚美祢，
那是屬靈謙卑的表現啊！
我們不要
遇到順境就讚美、
逆境就埋怨啊！
埋怨只會破壞我們與祢的關係；
若我們在逆境能順服權柄，
處理危機，並且當機立斷地

將破口堵住時，
就能成為榮耀祢最好的見證！

孩子真誠的在祢面前懇求，
願以祢的話語
成為我一生行路的依據，
求祢賜能力更新我，
使我能走上天國的道路，
不再在世上迷失，
願祢常與我同在！

我用鼻子呼吸，就有血氣，因為它屬肉體，
我用靈來呼吸，就有生命的品質。

主啊！
生命，

一次又一次輕薄過

輕狂不知疲倦；

當夜風輕觸

那啜泣的心情；

那星隨轉指尖而過，

山一程，水一程，

道盡虛空如映湖面的畫影；

如今我

攬經、禱告、跟隨，

那風雨兼程中，

蟇然回首，

祢竟為我人生陪伴

鋪展我腳前的燈，路上的光！

那受割禮算不得甚麼，

不受割禮也算不得甚麼了，

只要守祢的誡命就是了。

因為

基督已經釋放了我們，

叫我們得以自由。
所以要站立得穩，
我們再要靠律法稱義的，
是與基督隔絕，
從恩典中墜落了。
是的，
我們靠著聖靈，
憑著信心，
等候所盼望的義。
原來在基督耶穌裡，
受割禮不受割禮全無功效，
惟獨使人生發仁愛的信心才有功效啊！
是啊！
低眉千絲萬縷情，
唯獨祢愛最惟真；
是的，主！
祢的愛是我人生的珍寶，
跟隨祢的愛，
是我所盼望
永恆之境之實底，
未見之事之確據啊！

是的，
那舊約所立的割禮，
不只是在肉體上的私慾，
更是那心靈上心思意念
要聽從祢的話，
透過割禮，
意表舊的老我被埋葬，
告別過去，成為新造的人；
那新約所立的割禮，
乃借着受浸，
意表斷裂老我，脫離老我，
除去自我中心，
全然交託，順服跟隨
基督的新生命；
所言、
所聽、
所見，
均是好祢所好，
悟祢所悟，
恨祢所恨，
愛祢所愛，
惡祢所惡，

一切以榮耀祢而行。
是的，
現在活着已不再是我，
乃是基督在我裏面活着，
我的老我已與耶穌同釘十字架上；
是的，我一生
已不是倚靠勢力，不是倚靠才能，
乃是倚靠祢的靈方能成事；

我一生只願更跟隨祢，與祢聯合，
經歷生命的改變與更新的屬靈的生活。

誰曉得
山為什麼偏愛綿延？
水為什麼偏愛迤邐？
誰的呼喚能夠迴盪不散？
只有祢的恩典，默默的守望，
在寂寥的長空，等待着我們誠實的歸航！

第五章
逆風順航創新事

生命與愛

我雖沒有完全想到祢
只好藉著禱告
儆醒
生命的本質
及榮耀祢的行誼
使我如
陷阱中掙扎的鹿
尋見渴慕的溪水
迷途中驚措的羊
找到喜悅的山野
祢是我
一生的珍寶
引領我至永恆的居所

是的，主！
值此疫情肆虐在祢眼下，

孩子向祢祈求，
求祢顧念保護我們，
求祢教訓我們
求祢不要離棄我們！
求祢親自帶領我們
全然歸向祢！

願那賜平安的祢
將瘟疫踐踏在祢的腳下。
願我主耶穌基督的恩惠
願聖靈將祢的愛澆灌傳輸
常和我們同在！
使我們全地
得以痊癒安舒，
又將豐盛的平安和誠實
顯明與我們。

未嘗君苦，

不勸大度，
不識耶穌，
何來喜樂與得勝；
先求神的國神的義，
以神的事為念，
神就以我們的事為念；
那在谷底也要開花，
在海底也能望月；
我們若離了主，
什麼都不能做；
我們若離了主，
什麼都不是啊！
先了解神在我身上的計劃，
我們顧念神的家，
神就顧念我們的家；
看那落葉最知秋，
飄蓬知返覓知音，
此生無悔跪跟前！

父親怎樣憐恤他的兒女，

祢也怎樣憐恤敬畏祢的人！
那天離地何等的高，
祢的慈愛向敬畏祢的人
也是何等的大！
東離西有多遠，
祢叫我們的過犯離我們
也有多遠！

我們一切痛苦的根源
不是魔鬼，
而是犯罪啊！

是的，主！
我們犯罪，
我們充滿老我的罪性，
求祢憐憫、管教、修剪，
求祢賜予我們
謙卑、悔改、煉淨的信心，
讓我們生命得以不斷長大成熟，
滿有基督長成的身量。

是的，
我們要達到完全、聖潔，
只有一條路可以走，
就是治死老我，連結於祢。
主啊！
求祢教導我，
求祢檢視我，
彎曲的心思，我必遠離；
一切的惡人、惡事，我不認識；
那行詭詐、說謊話、
心裡驕傲、暗中讒謗、
行邪僻事、悖逆神的事，
所有這些都要剪除。
因為祢治理的地方
要有慈愛、公平、信實、
行為完全，才有祢的同在啊！

主！
我們不要靠自己，
靠自己的下場
往往就是假冒偽善，虛有其表；
讓我們倚靠祢，

求祢與我們緊密連結，
我們要住在基督裏，
晝夜默想祢的話語；
只有與祢的話連結，
才能與聖靈的能力連結，
才能得著祢的性情，
真正由裏到外改變我們的生命啊！

世界上最寬闊的是海洋，比海洋寬闊的是天空，
祢要我跟隨祢，使我的心靈比天空更寬闊。
擺脫那風斜雨細，冷冽的海水及世界污泥的外衣，
唯保留我們純粹的心思意念跟隨祢。

主啊！
我們是有主人的，

我們是有遮蓋的，
是被保護的，
我們是有牧者的；
因為我們是祢造的，
是屬祢的；
我們是祢的民，
是祢草場的羊。

求主幫助我一生的思維
都聚焦在祢身上，
除去我在世界上一切
使我遠離祢的意念！

我們一生的果效，
是由跟隨祢的心，
及盡忠祢在天國一切的交付發出！

謝謝祢帶領和管理我的心思意念，
願我一生都能走在祢所喜悅的道路上。

主，
祢是我的牧者，

我願作一個順服乖乖的小羊！
求祢不斷地增強我
在信心裏面信靠祢的話語，
勝過老我的眼光與看法，
才是我一生最大的保障；

在我們人生的航旅中，
祢陪著我們一起前行；

我們樂意向祢事奉，
我們樂意向祢歌唱，
我們當稱謝進入祢的門，
我們當讚美進入祢的院，
我們當感謝、稱頌祢的名，
在祢殿中一日勝過在世上千日，
在祢裡面，
我一無掛慮，喜樂滿溢；

我們的需要祢都知道，

我們的軟弱和失敗祢都看見；
謝謝祢接納我們，
謝謝祢賜給我們日常所需；

是的，
祢本為善，
祢的慈愛祢的信實直到萬代；

海天一色·穿透凝思
心艙之旅·覽經長吟
沉浸恩典·悅意不已

主啊！
我要向祢唱新歌！

全地要發聲，地也要發聲，
海和其中所充滿的澎湃，
世界和住在其間的也要發聲。

諸山見祢的面如蠟消化，
靠虛無之神的都要羞愧，
祢預備喜樂是為正直人啊！
只有那恨惡罪惡的人，
才能得到祢的保護，
義人當靠祢歡喜！
是的，
任何世俗的成功與滿足，
都不能與跟隨祢的喜樂
相提並論。

願我們的敬拜，
願萬民歸向祢，
述說祢的作為；
求祢拯贖我們的土地，同被恢復，
一同歡慶迎接祢的掌權及來臨。

地的深處在祢手中；

山的高峰也屬祢。
海洋屬祢，是祢造的；
旱地也是祢手造成的。

無論我們歡呼歌唱，
謙卑、感恩、屈身，
這一切的動作都在請求祢的同在；

祢是我們的　神，
我們是祢草場的羊，
是祢手下的民，
我們要自卑在祢的跟前，
服在祢大能的手下。

我當先求祢的國與祢的義，
而不是我的國，
不是世上的國，
不是魔鬼的國，
求祢讓我可以不斷飲於
祢那能力之源，得着祢的同在！

我不要效法這個世界，
只要心意更新而變化，
好讓我們察驗何為祢的
善良、純全、可喜悅的旨意。

主！
我不再專注在世上短暫的一切，
而是更加專一追求永恆屬靈的價值；

我不能因測度波浪得到勝利，
也不能因測量風力得到堅固，
我們見到風甚大，就害怕，只有祢能救我……
祢愛我直到天涯海角，言語不能訴說祢的大恩。
當我在世界漂泊，遠離平安之岸，是祢從海中伸手救了我……

是的，
祢的寶座從太初立定，

祢從亙古就有。
祢既已作王，統治一切，
我即應將
自身的主權交給祢，
一切的行事交給祢決定，
不是受到那世界的影響；

是的，主！
孩子願意脫離犯罪和老我的舊生命，
完全進入順服重生後跟隨祢的新生命；

是的，
不論外界情況如何，
求祢與我有親密交通的心，
求祢進入我心中，掌管我一切，
我願意在祢聖律的掌權之下，
彰顯祢的榮耀。

主啊！
諸山未曾生出，地與世界祢未曾造成，

從亙古到永遠，祢已是神啊！
在祢看來，千年如已過的昨日，又如夜間的一更！

縱然人生短促，
我們是有生命的，
裡面都藏著祢的恩典啊！
在生命的短暫中，
我們要珍惜
現在所有的一切，和
祢的作為及能力在我們身上；

祢雖不輕易發怒，但不以有罪的為無罪！

是的，我們不要作糊塗人，要明白祢的旨意如何。
求祢指教我，
「認識」祢是永遠，才能領悟我是如此渺小與短暫；
「敬畏」祢的權柄，才有數算人生歲月的智慧；
「領受」祢的慈愛，才能享受生命的喜樂平安；
「經歷」祢的恩典，以堅立我手中的工作。

是的，
我們在公義的光景中
勿忘祢那慈愛的初衷，
我們在管教的光景中
勿忘與祢立約的著想，
我們在失敗的光景中
勿忘祢永恆榮耀的遠景。

謝謝祢，
祢已立耶穌
做為我們全地的王，
我願跟隨祂的身行，
在地上與祂一起得勝，
在天上永生之境與祢相遇。

185

主啊！
祢是我的避難所，

是我的山寨，是我的神，
是我所倚靠的。

祢本為良善，
樂意饒恕人，有豐盛的慈愛
賜給凡求告祢的人。
求祢將祢的道指教我，
我要照祢的真理行，
求祢使我專心敬畏祢的名！

我們活著不單只為了眼前，
我們從祢領受我們的人生，
我們今天認識祢，
同時名字也記錄在生命冊上，
我們有份參與將來的美妙詩歌，
這幅耶路撒冷的圖畫，都要成為我們的圖畫！

願我一生追求與祢的和好，
願我一生在祢翅蔭下歡呼！

願我在地上的敬拜，
就經歷天上的敬拜！
地上所捆綁的，
在天上也捆綁！
地上所釋放的，
在天上也釋放！
願我一生在地上與祢一起得勝，
願我一生嚮往天上的家鄉，
成為一個真正的上行者，
一生朝向祢而前行。

我要憑信心，活出祢在我身上榮耀尊貴的形象，
我要起來為別人禱告，服侍別人，也要成為別人的祝福。

那
江流宛轉，

月照花林，

辰宵萬載，

芸芸蒼生，

主恩同行，

所有苦難與背負，都在祢的眼下！

主啊！

祢的救恩

誠然與敬畏祢的人相近，

祢叫榮耀

住在我們的地上，

慈愛和誠實彼此相遇，

公義和平安彼此相親，

那誠實從地而生，公義從天而現。

那公義行在我們前面，

我們就不再面對不公的對待，

每件事都能有公平，就能順心，

因著相信跟隨祢的腳蹤成為可走的路。

是的，

跟隨祢的慈愛，使我活在愛中，有愛滋潤。

跟隨祢的公義，使我的心平安，沒有壞事傷害。
跟隨祢的誠實，使我在祢面前活得坦然。

孩子願意每一天都能與基督同行走在地上。
是的，主！
我要成為
能聽祢話的人，
能敬畏祢的人，
祢就與我相遇，
使我有可走的路。

纖雲激盪月沉海　•　歲月清殘淺如水
獨自憑欄無知己　•　夢裡不知終是客
唯祢溫柔且恩慈　•　願禱莫離我身軀
忘卻塵世之善惡　•　企盼領我再征航

主啊！
祢是人生命的日頭，

是人生活的盾牌，
祢賜下恩惠和榮耀，
祢未嘗留下一樣好處，
不給那些行動正直的人。

我一生的醫治，
就是永遠在祢的面前，享受祢的同在，
讓身心靈得到祢的醫治。

在祢的院宇住一日，勝似在別處住千日；
我寧可在祢的殿中看門，也不願住在惡人的帳棚裡，
那一生倚靠祢的人，便是有福的人啊！
是的，
每當我的人生，
經過那流淚谷，
祢使它變為泉源之地，
並有秋雨之福蓋滿了全谷；
若沒有祢的同在，
這谷可能變成一灘死水，

發出苦與臭；
但因著祢的同行，
這谷的水就變為甘甜！

就像那登山的過程
不是給那些安舒和膽怯的人，
而是靠著祢得著力量的人；
我曾迷失想找到自己的價值，
聽到別人的掌聲或肯定，
但過了不久就發現，
靠著自己的力量是爬不上去的；

謝謝祢，
祢是我一生的醫治者，
祢是我生命的安慰者，
祢是我的盾牌，保護我的生活，
祢是我的日頭，照亮我的生命；

我的好處不在祢以外，
敬畏祢的什麼好處都不缺！

是的，
當主耶穌再來時，

一切與祂為敵的都失敗，

人就知道祢是至高者，

人與祢為敵是枉然的。

祢是唯一的真神，

是全地的至高者，

沒有人能在祢面前站立得住。

祢所賜給我的產業，

祢必定為我持守，

無論我們在任何的環境中間

即便看來疫情侵吞我們，

我們也不懼怕，

我們也不沮喪，

我們也不抱怨，

主！

求祢不要靜默！

求祢不要閉口！

不要不作聲！

我們專心地

跟隨耶穌敬拜祢，不沮喪；
我們持續的
跟隨耶穌讚美祢，不抱怨；

祢總是搭救那敬畏祢的，和仰望祢慈愛的人。

願我現在客旅的行囊，只裝載着祢的交付，
願我能「心領神會」的遨遊，
跟隨耶穌的身行及聖靈深奧奇妙的帶領。

江山如畫意

多少豪傑情
往昔舊時月
仰歎夜空間
忙碌度此生
鏡映朱顏憔
思歎總未閒
月雖故鄉明
不知何處尋
聖經早知喻
創世植香柚
為何愁明日
跟隨耶穌路
覽經談笑間
惆悵已揚眉

秋

似酒

味醇厚

歲月悠悠

轉身又回首

再撫喜樂哀愁

往事如煙花依舊

唯友誼綿長如水流

聖經已載六十六卷多

歷史詩箴先知福音全

緣牽一路有主陪著走

晨曦擷彩霞雨中漫遊

待到紅葉濃時再聚首

品茶論酒賞石敘舊

落楓滿地雲舒袖

歡聲笑語不休

夕陽掛枝頭

紅塵看透

別無求

靜候

秋

秋邀：莫枉人生付水流

別了那迎春瀟瀟的微雨
走了那炎夏天上的驕陽
飄葉落下大自然的秋韻
那
幽谷楓前一色秋
秋霞滿天遍楓紅
我倆
山曉望晴空
清泉石上流
白雲常作客
夜月松間照
皎潔青苔露
讀經已近秋
沈吟長慨詠
未覺秋夜長
只求耶穌伴
丹心與主見永恆
莫枉人生付水流

無論是「月朔」和「月望」，

我們要發聲歡呼、帶著興奮、感恩、敬畏和讚美，
不要消滅聖靈的感動，才能盡情地敬拜祢。

當我們能在祢面前盡情敬拜，
我們的靈便會甦醒過來。
我們不能忘記祢的恩典，
我們要常常思想祢
在我們生命中的作為、恩典和拯救，
好讓我們在軟弱疲乏時，仍有力量敬拜祢；
因為祢的能力是在我們的軟弱上顯得完全。

願我每天所作的決定，
都帶到祢的面前查驗，
無論對人作的決定，
對事作的判斷；
是關乎自己與家人的決定，
或是職場工作上的判斷，
或是教會服事上的心志，
或是國家社會的決策，
我們尋求祢的心意，

讓祢為我在地上掌權！

是的，
孩子確信祢的主權掌管世界，
並賜給敬虔人恩典，
懇求祢從驕傲人的威脅中搭救我，
使我通過祢放出更加燦爛的光芒！

人生作客：我們去人家家裡作客時，通常是會比較小心，不會
太過隨便，我們面對每一天的生活，就是以一個作客的態度，
是嚴謹、不隨便的，我願跟隨祢的教導，在祢的家中是一位討
祢喜悅的客人。

是的，
我們縱然悖逆，

但祢的愛從不止息；
我們本是不配，
祢卻一直深愛著我們。
回顧祢的作為、
對我們勸誡、教導和應許，
祢不斷讓我們在生命中經歷祢的愛。

我曉得人的道路不由自己；
行路的人，也不能定自己的腳步。
我們只有
誠心誠意地向祢呼求，
盼望祢向我們回轉，
求祢的臉發光，
我們便得救，
求祢引導我開啟我渴望尋求祢的靈，
讓找真正面向祢，走向光明的道路。

是的，
找一生中需要不斷的禱告，

因為若不是那聖靈光照我，
我就會誤以為是對的，是正確的，
活在自我中心，
活在無知的盲目之中，
活在宗教系統的掌聲中，
活在想要贏得別人眼光注意與肯定之中，
求祢奪回我們的心，完全轉向歸給祢！

那聖殿不僅是一棟建築，而是我們自己本身。
讓我們按祢所要的樣式建構，
遵循祢一切所交付的……
雖然人生不如意事十有八九，
有時讓我們信心萎縮，希望消失，愛心倦怠，
讓我們撕下道貌岸然的外衣，
為了認識祢，我們要更顯自己的軟弱，
才知一切都是祢的引領。

我們的生命，真正謙卑的重要關鍵

就是擁抱那生命中的審判；
主！
祢不僅是在我軟弱中使我興起，
更是我唯一的拯救！
祢不但是我們個人的牧者，
祢是我們家庭的牧者 ，
祢是全地眾教會的牧者，
祢也是我們國家社會的牧者，
願祢在我們中間掌權，
我們是屬乎祢的產業，是祢草場的羊；

求祢不要紀念我們族群
甚至我們歷代所犯的罪，
祢是有憐憫有恩典的神，祢是不輕易發怒，
並有豐盛的慈愛和誠實，祢的慈愛和公義並存，
祢的忿怒或是管教、審判，都不是目的，而是手段，
目的是要領人悔改啊！

當我們的服事遵行祢各項的話語，
不是因為教會需要我的幫助，

不是因為我有很多恩賜才幹，
不是因為我信了主有好多年，
不是因為我要當個好基督徒，
　不是因為牧師要我的參與，
　而是基於對祢的感恩啊！

　願祢掩面不看我們的罪過，
　　　赦免我們的罪，
　　　以笑臉幫助我們，
　　我們永是祢草場的羊。

我的弱點是我往往想用我的話，說服人相信祢；
而沒有用我對祢的生活經歷，叫人看見祢。
專靠自己的智慧和哲理說服的人，
恐怕他們的信心是建立在人的理性上；
倚靠祢的能力所得著的人，
他們的信心必是建立在對祢大能的經歷上。

看那！
摩西帶領以色列人出埃及的過程，

在曠野中祢如何地供應他們，
但他們仍然不相信祢，仍然埋怨啊！
祢是第一個難過啊！
看那！
瘟疫肆掠侵襲、愁困不定、窘迫不安；

祢有權將恩典給人，也有權將恩典收回，
因為賞賜的是祢，收取的也是祢啊！
孩子知道
不要以為得到祢的恩典是必然的，
更不要以為在祢的恩典中可以隨心欲為，
如果我們不照祢的心意行，一味的悖逆祢，
祢可以收回祢的恩典啊！

人有逆祢背道之時，但祢從無絕人之路！
我們雖不斷地悖逆，從開始到末了仍舊悖逆，
祢仍不斷地施恩，在憤怒中仍舊施恩。

是的，

祢是有憐憫，有恩典的神，
祢的恩典是我一生之久，
願祢的怒氣不過是轉眼之間，
我們是祢的羊，
我們是祢的產業，
求祢保護我們，搭救我們！

無論是在藍天白雲或微雨綿綿
看那國小放學的小孩，正飛奔著到校門口
等待著父親的接送，父親牽著小孩的手
小孩哼著歌，畫面無比的快樂；
是的，我們在天上的父，
也正等著我們用純摯的心靈與祂相聚……

願祢
聽我們的禱告，

聽我們的呼求，
引導帶領我們每一天的腳步！

求祢，讓孩子
能更豐富的來認識祢，
在認識祢的裡面來敬拜祢，
在認識祢的裡面來歌頌祢；
幫助孩子
跨越那生命的困境，
跨越那生命的無解，
跨越那生命的黑夜；

祢是我生命的主，
是掌控我問題的主；
祢聖潔，又滿有憐憫；
祢不改變，全然可靠；
祢是我生命中
所渴想的一切，
是我所需要的一切。

人的忿怒要成全祢的榮美，

人的餘怒，祢要禁止；

我一生爭戰的勝敗在乎祢，

我是否知覺祢的忿怒，
以致於謹慎於我的心思與言行，
要討祢的喜悅？

我是否知道祢公義的審判，
是懲罰驕傲的人，
搭救謙卑的人？

我是否經歷祢的搭救，
知道要向祢感恩還願，
以委身與奉獻回報祢的恩典？

親愛的主
世界，本不公平，

堅持跟隨祢，
即見希望。
每每
俯拾葳蕤的生機，
那盡是祢的恩慈；

祢喜愛憐恤，不喜愛祭祀；
因為憐恤，
是來自接受到祢的愛的表現，
而祭祀則不小心
只流於宗教的生活而已。

是的，
我們生命的高舉，不是靠人的攏勢，
惟有祢斷定，使這人降卑，使那人升高。
我們一切都在乎祢，
我們降卑的時候也要感恩，
我們升高的時候更不要沾沾自喜，
都要以感恩的心去擁抱。

看到世上的人因著不認識祢，

沒有祢能夠倚靠，只能靠自己，
他們的一生就是不斷的
「抓」、「賺」、「證明自己是誰」、「高舉自己的名」。
追逐所要的權勢，顯露自詡的財富，
認為錢越多，能力越大，就越能夠「爬的更高更快」。

一個真正重生得救的基督徒，
一定會發現與這些人的價值觀越走越遠。

感謝主，
讓我們懂得
凡事依靠祢，順服祢，敬畏祢，
使我們經歷屬靈生命中
的喜樂、平安、自由、釋放，
以及蒙祢保守的人生。

是的，
我與春風皆過客，

祢生萬物攬全地，
回首歲月祢已在，
願以深情同主行，
待其相遇永生境，
方知難逢救贖義。

看那
大家都是愛主，
也都說是為主的，
都是同路中人，
但卻彼此紛爭，不能和睦，
以致分裂受損。
更可惜的是，
好些紛爭不是為了真理，
不是為了大是大非，
多是為了看法不同，
做法不同而對立。
不肯平心靜氣坐下來好好的談談，
一味意氣用事，堅持己見。

小的造成心結，
嚴重的彼此鬥爭，
祢的家被破壞，
完全中了魔鬼的詭計，
還懵然不知。

我的靈要連結祢，
來控制我心猿意馬肉體的心，
使得我有聖潔的身，聖潔的殿來跟隨祢！
我務要謹守，警醒，因為我的仇敵魔鬼，
如同吼叫的獅子，遍地遊行，尋找可吞吃的人。

是的，
人會欺負我，

魔鬼仇敵都會侵襲我，

瘟疫肆虐地也打擊我，

但我們跟祢之間有約，

當我們安靜宣告的時候，

我們會看到祢的能力。

祢曾分裂磐石，

水便成了溪河，

那摩西在曠野沒水喝，祢就吩咐磐石出水；

那約書亞要進入迦南地，

約櫃一下去約但河的時候，水就立起成壘，

這些都是祢的能力。

是的，

我們受洗歸給祢的時候，

就從世界裏面，

遷移到耶穌基督的國度裏面，

祢擔當我們的全部重擔，

祢讓我們得到安息。

是啊，我若見

惡人和狂傲人享平安，
就心懷不平啊！
那不知惡人的亨通，是
屬世界，
屬情欲，
屬魔鬼，
暫時性；
我若不再純粹仰望祢，
只注視惡人的亨通，自然會跌倒。

祢的審判是罪惡必然的結局，
在祢的光照下，不是以人擁有多少財富，
做為唯一的衡量標準，
那些惡人必要煙消雲散，一切成空，有如「南柯一夢」。

主啊！
那敬畏祢的人所擁有的乃是神祢自己，
能與祢同在比一切都更寶貴，
惟有祢才可以滿足人心的。——

除祢以外，在天上我有誰呢？
在地上我沒有所愛慕的。
無論我身處何地，
惟有祢是引領我的火柱、雲柱。
是的，
我雖處在短暫虛幻繁華的世界，
我的肉體和我的心腸漸近衰殘，
祢才是我心裡的力量，
又是我的福分，直到永遠。

我用鼻子呼吸，就有血氣，因為它屬肉體，
我用靈來呼吸，就有生命的品質。
我們要脫離卑賤的事，
必作貴重的器皿，成為聖潔，
合乎主用，預備行各樣的善事。

是啊！
我們屬主的人是世界的明燈，

要照亮黑暗，
有好靈性才能真正成為光啊！

願我們的一生，
是走在行公義，好憐憫，
與祢同行，討祢喜悅的路上；
願祢的大光，
讓我們看明這一切，
深信祢必掌權在這一切之中，
求祢賜力量，
讓我們一生走在真理之中，
讓我們過上得勝的生活
—蒙祢恩待的生命；

只要我們與祢同行，
祢已與我們同在了！
無論在天在地，
祢已是我一生唯一的愛慕。

是的，當太陽不再落下，月亮也不消失；

因為祢必作我永遠的光！
祢的愛是如此的壯闊深沉、直接與美麗啊！
祢必降臨，
像雨降在已割的草地上，
如甘霖滋潤田地。
在祢的日子，
義人要發旺，大有平安啊！

孩子謹守祢的話，
那萬物的結局近了，
要謹慎自守、儆醒禱告，
最重要的是彼此切實相愛，
只有跟隨祢的愛能遮掩許多的罪。
我們要互相款待、不發怨言，
我們照所得的恩賜彼此服事，
作神百般恩賜的好管家；

讓聖經擺在我們之上，
讓祢在全地掌權，
願全地都
敬畏祢是智慧的開端，
跟隨祢才是一切的得勝！

主啊！波浪有高有低，

海水依舊是海水，
主，祢在海上行走；
生活有苦有樂，
心仍舊是心，
我的心，卻未緊跟主！
祢的道是安樂；
祢的路全是平安。

願我們
臣服在祢的愛及大能的腳下，
服侍祢，榮耀祢而行，
而不是服侍人的過程中
產生了爭競及忌妒。
祢要我們
想耶穌所想，
作耶穌所作，
跟隨耶穌的腳步，
相親相愛，
從救恩的山底爬起，
一起相互扶持，
爬上聖山山頂與耶穌一同作席，
這是何等美好的畫面啊！

主啊！
我們要記念

那急難中祢一直在幫助我啊！

我們在急難中仍然敬畏祢，
我們在急難中仍要稱頌祢，
我們在急難中仍要抓緊祢。
倘若急難的來臨，
是因為我犯罪，
那我更應該悔改抓住祢；
倘若是仇敵所安排，
那我就不用急著伸冤，
因為要知道
為我伸冤的是祢，
幫助我的是祢。
無論我往哪裡去，
都要認定祢！

祢是我一生的主，
無論年幼、成長，
直到我年老髮白，

祢仍然懷抱我！
我在各樣情況中
仍然要敬拜讚美祢，

願我們將
對祢的讚美與榮耀
充滿我們的口，
堅心倚靠祢，
靜觀祢施行公義，大得榮耀！

以我信實為糧，以我為你的喜樂，
倚靠我，跟隨我的，
我就將你心裏所求的賜給你，凡事盡都順利。

主啊！
祢是世世代代的大能神，

每個時代都有祢的神蹟，

是的，

但我若心裏注重罪惡、抱怨、

苦毒、恨惡、驕傲、

因著忘記耶穌基督而自大，祢必不聽。

但如果我們願意謙卑倚靠祢，

即便我有軟弱，

祢一定不會推卻我們的禱告；

是的，

凡管教的事，

當時不覺得快樂，反覺得愁苦。

後來卻為那經歷過的人

結出平安的果子，就是義啊！

是的，
我們生命的過程

會從撒旦魔鬼來的試探，
要讓我們離棄真道而偏行己路，
也會經歷惡人的囂張、勝利，
經過水火的苦難…

但這一切的苦難若是祢允許，
祢要透過這些苦難，
煉淨我們的生命；

感謝祢賜給我跟隨祢的恩典！
感謝祢賜給我為能親近祢，
各項的試驗及操練，
破碎我那還不潔淨的老我生命，
那熬煉銀子要在高溫之下
把雜質去掉，才能夠有純銀啊！

我們要口中常常數算恩典，
不發怨言、批評論斷；
常常讚美祢，

不講負面的話；
常常口出恩言，
說出造就、鼓勵人的話、
讚美、肯定及感恩的話。
是的，
我們只有完全降服，
只有在祢的帶領下，
當經過試驗之後，
祢自然而然會帶領我們到豐富之地。

只有祢的真理，
才能使得人云亦云，隨眾而行的事有所依循。
祢是我所倚靠的，祢必保守我的腳不陷入網羅。

主啊！
祢在全地都顯出祢的掌管和威嚴，
直到地極。

祢令大地肥美、五谷豐登，

祢使日出日落之地都歡呼，

祢以恩典作為我年歲的冠冕，

凡有血氣的都要來投靠祢啊！

是的，

我想要行的善行不出來，

不想要行的惡，卻常禁制不住的行了出來。

祢對我的恩寵、恩惠、恩慈，

並不是我能靠任何美德、

禮物、行為或努力賺取回來的，

是祢因自己的慈愛賜予給的；

是的，

我們在祢永恆的時空中

只是一點的灰塵，

但祢珍惜我們，

把我們安放在祢的殿中，

讓我們在屬靈生活的大家庭內互為肢體。

求祢用簸箕將我們生命中
混雜的麥子揚起，
讓風吹走輕飄飄的糠秕，
叫我們知道生命中
甚麼是最有份量和價值的東西。

祢為投靠祢的人，
在路徑上滴下脂油，
蒙祢厚恩的人豈可不稱頌讚美祢呢？

一旦跟隨祢，我們即蒙福、蒙愛
並一生與祢建立生命的關係。

是的，主啊！
人會射箭，祢也會射箭，

人的箭只是一個現狀、事實，
不能作永恆的判決。
不管誰說話，
但最後定論是祢的箭。
所以，對於人所講的，
既然不是定論，
我們就不需要回應。
我們真正要回應的，
是向祢回應啊！

主啊！我在祢面前
要做個義人，正直人，
是投靠祢的人啊！

是的！
祢是我的避難所，
我投靠祢就不被暗箭所傷，
祢一切都看得很清楚，
並且帶領我們，

保護我們免遭一切的攻擊，
求祢用祢的平安充滿我們！

讓我因祢的護庇而看見祢與我同在！

祢已指教我走智慧的道，
引導我行正直的路。
人所行的道都在祢的眼前，
祢也修平人一切的路。

春雨驚春清谷天，

夏滿芒夏暑相連，
秋處露秋寒霜降，
冬雪雪冬小大寒，
四時行百物生焉，
均是主說成即成！

我們的生活、動作、存留，
都是因著祢的慈愛，因著祢的憐憫，
我們才有氣息可以存活。

那金錢、健康、地位和權力，
如果擁有這些而無愛，
沒有愛的對象，也不被愛，
仍是全世界最孤獨可憐的人。

是的，
人間的愛易變，會叫人失望，
人間的愛即使不變也會停止，
只留下空空的記憶。
唯有祢的愛永恆不變，

因為祢是永恆。
祢永恆不變的愛是我們最需要和最重要的，
能滿足我們心靈中朝思慕仰的渴望，並不叫我們失望。

惟有渴慕祢的人
才能認識祢的愛，
惟有經歷過祢的愛，
為永恆而活的人，
才會看祢的愛
比生命更好，更寶貴；

芯香嫣然似有情 · 紫蝶黃蜂花豔間
妍花嫣然映夕陽 · 金蜂銀蝶翩躚舞
世俗春泥終有時 · 莫忘氤氳恩典中
～凡投靠祢的，願他們喜樂，時常歡呼，
因為祢護庇他們；又願那愛祢名的人都靠祢歡欣。

主啊！祢是我的心

惟一安息、期盼之源，
祢是我蒙福的確據，
祢是我救恩惟一的來源。

當我們深陷低谷、疑慮、痛苦、毀謗、沮喪……
雖然我們還看不出有任何的轉機，
但我們仍以遵行祢的旨意為樂，
因為我們完全相信祢的愛和信實，
祢必成就我們所交託的事！

我的靈，我的心當默默無聲，安靜等候祢，
因祢是我的磐石、拯救和高臺，
是我的榮耀、力量和避難所。

祢是使人有盼望的神，
讓我們因著信，
祢將那諸般的喜樂、
平安充滿我們的心，
使我們藉著聖靈的能力大有盼望，
認識一切的能力都屬乎祢，
祢也會照我們所行的讓我們完全。

我們人生的試驗

都是造就

我們與祢的關係；

就算遇到患難

也許會拆毀我們的事業，

卻是建立祢要我們的品性。

是的，

那外面最大的打擊，

乃是裡面最大的祝福。

如果是祢允許的艱難

臨到我們，

那臨到我們的危險、患難，定規

都是於我們有益的；

倘使我們退縮、叛逆，

我們必會蒙到損失。

——是的，因為

我們是祢的精兵啊！

祢是永存的主，

我在人生的各種困境中都要倚靠祢；

無論是

年輕歲月的挑戰，
中年歲月的自我超越，
老年歲月的仰望，
幫助我一生都尋求祢，
一生都住在祢的帳幕中，
一生歌頌祢！

聽到那熙攘嘈雜聲音從耳際掠過，
我專注屏氣跟隨祢，攀上比
台北 101 大樓，上海東方明珠，杜拜哈里發塔
更高之處，俯瞰世界…………
願祢與認識祢的同行，我們甚盼與祢同在。

罪惡泥沼中沉迷，

竟蒙浩恩揀選義，
釘痕双手洗吾軀，
功由十架血成溪，
百丈恩流萬靈生，
身影聖光緊跟隨，
不再月夜伴憂愁，
五谷新酒油滿田，
福音愛火遍滿身，
真理道路和永恆，
固守心思和意念，
超乎意外平安臨！

主啊！
祢不單是我的磐石，
也是我的避難所，
無論我臨高山或低谷，
祢使我脫離仇敵，
堅立我的生命，
我要在這裡呼求
我要永遠住在祢的帳幕裡！

願祢的大能興起，
使我們環境裡的偶像被拆毀，
進而接受福音並受洗歸入主名。

融入世界之前，我要先裝備好自己，
無論得時不得時，總要堅持；
要以極大的耐心，告誡人、鼓勵人，
向軟弱的人，我就做軟弱的人，
向什麼樣的人，我就做什麼樣的人，
無論如何總要救些人，以祢之名為榮耀而戰。

萬國一舟同瘟疫

浮雲世味一台戲
跟隨人子無二心
全憑純粹一信字
水上行走勿褪志
基督愛裡映肝膽
今生誓願進神家

是的，主！
我們要跟隨祢，
是祢賜給我生命，
即或在惡劣環境中
我們都要見證祢的義。
我們若持守自己在義中，必能見到祢！

在這疫情的苦難中，

求祢帶領我們，救助我們，
求祢保守，使我們腳步不致跌倒！
我們面對困難，
我們的信心面對考驗，
肉體、怨言就跑出來，
那怨言是屬肉體的，
求祢幫助我們
勝過我們的肉體，
勝過我們的恐懼，
勝過我們的埋怨。
是的，
我們不再發怨言啊！
我們為著自己肉體的軟弱來認罪；
祢是聖靈的供應者啊，
我們靠著聖靈與肉體爭戰，
靈裡夠強就能得勝。
祢是得勝的主啊，
我們勝過軟弱不是靠自己，
而是需要有中保，
有從祢而來的聖潔—耶穌，

我們需要耶穌的同伴，
同行的扶助，
讓我們勝過我們的軟弱；

我們一生只倚靠祢，
以主耶穌為我們靈魂的錨！
讓我們與祢有
更深的相交互動，
讓我們唱出
祢為我們生命編寫的美妙的讚歌。

看那
不同的牧長性格

營造了
不同的屬靈家庭！
從教會到個人，
都不缺少從祢那來的
任何屬靈的恩賜！
祢讓我們
每一個人的角色不一樣，
但是不管演什麼角色，
都是誠實俯服在祢的跟前，
唯跟隨著祢，
珍惜祢所賜的恩賜；
願我們在祢殿中遇見祢！
讓我們的生命
被祢的愛火點燃！

人
總以為
春風百花聞

山河萬木生
但
浮名浮利兮
非知之艱哉
行之惟艱焉
虛苦勞心矣
若與神同行
謙卑專注前
萬事已成就！

看那約書亞
要走一條沒有走過的路，
卻是滿有神同在、神奇的路。
這條沒有走過的路
有約櫃在前面走，
那是神 —— 祢帶領的。

世上有幾人真有這樣的認識，

幾人懂得來投靠祢？

當我在客旅人生的旅途，
跟隨約櫃前行，是需要付上代價，
我們的信心若要有所突破，
就把「生命主權」交給祢，
踏出那信心的腳步，
更加來親近祢，
願與祢的同在，
彰顯祢的榮耀！

主，祢創造萬物且曉喻，祢給予大愛而俯瞰，
我們卻在萬物中迷失而不已，
不知道抓住世界的美好，要先緊緊地抓住祢，
只要行祢的國，祢的義，
我們生活的必需，祢已加給我們了！

主啊，
那真正的愚頑，

就是心中沒有神的人。
他們不以祢為生命的中心，
這樣的人生在永恆中
將無任何意義。
那在世上的愚頑人啊，
我們與他們地位是不一樣，
因為
我們已在耶穌基督裏，
被羔羊寶血遮蓋，不致滅亡。
是的，
孩子珍惜與祢同行的生命，
孩子知道我們不可能同時滿足祢，
也滿足世界的標準，
我們只用祢救恩的話語，
來看待我們的一生。

我們不能侍奉兩個主，
不是惡這個愛那個，
就是重這個輕那個，

我們不能又侍奉祢，
又侍奉瑪門，
我們不要愛世界
和世界上的事，
人若愛世界，
愛父的心就不在我們裡面了。

願孩子一生單單只屬於祢！

海鳥在雲中向我揮手，牠不種，也不收
感恩那造物主如此恩顧，使牠成為大海的伴侶
是的，我要緊緊地跟隨造物主，已不再是一葉迷航的孤舟！

主啊！
看那世上行惡的人很多，

但最可怕的是那些知道祢，
卻不敬畏祢而去作惡的人，
這樣的人為害更大。

這樣的人以祢的慈愛為藉口，
以祢會救免人的罪為藉口，
去作不應該作的事。
他們既不愛公義，
又不遵行祢的話，
常用舌頭害人，邪惡詭詐，
好像剃頭刀，快利傷人。

願我們都是
真正倚靠祢慈愛的義人，
而不是利用祢慈愛的惡人！
願我們像是那在祢殿中的
常青又百年青橄欖樹，
一生倚靠祢的慈愛。

主啊！
祢是慈愛的神，

祢有慈愛的行動，
祢有慈愛的感動，
祢的本質就是慈愛。

我是在罪孽裡生的，
我們早在母腹裡就已犯罪，
我們不覺得自己有任何可誇
或可以憑藉努力以得赦罪，
我們只是抓住祢的慈愛。
是的，
求祢為我造清潔的心，
使我裡面重新有正直的靈。
求祢不要丟棄我，使我離開祢的面，
不要從我收回祢的聖靈。
求祢用牛膝草潔淨我，我就乾淨，
求祢洗滌我，我就比雪更白。
求祢使我得聽歡喜快樂的聲音，
使祢所壓傷的骨頭可以踴躍。
求祢掩面不看我的罪，

塗抹我一切的罪孽。

主，
我願順從祢的律例，謹守遵行祢的典章。
求祢使我仍得救恩之樂，賜我樂意的靈扶持我。

我願一生只有祢，
願祢住在我心裡，
願祢成為我眼中的瞳仁，
願我的心成為祢的靈的居所！

夕陽餘暉的海面，漫漫汐潮的高湧
想像未來，回憶已往，只有那感恩救贖的祈禱
使我能與祢跟行在永恆的詩篇
只有祢讓我每天都有新的相識，相知，與相愛！

那跟隨祢的人，

知道其所遇
患難不可怕，
瘟疫不可懼，
錢財不可靠，
救恩不可買，
死亡不可賄，
富貴不可恃，
美貌不可留，
但
靈性不可昧。
是的，我們在世的時候
不論多有錢、多尊貴、多榮耀，都不能帶走。

孩子知道，
有祢就有一切，
有祢就有供應，
我需要多少祢都知道，
祢會看顧我的需要，
只要一切先求祢的國和祢的義，
這些東西都會加給的，

所以
祢和祢的話語
才是我的產業，是我最需要追求的。

孩子願跟隨在祢的祝福裡，
因祢是我的救贖主，
是我的倚靠，
是我的幫助！
那跟隨祢的，
祢必救贖，祢必收納！

人生道路有多長，祢的愛更長，
人生時間有多久，祢的愛更久且不離棄，
願我靈性往直前，莫待在曠野，只有跟隨祢，勝過一切。
『我也與你同在，你無論往哪裡去，我必保佑你，
領你歸回這地，總不離棄你，直到我成全了向你所應許的。』

世間唯有施行判斷的祢，

才能施行公平公義的審判。
惟獨祢的公義，
才能明辨是非，才能斷定是非；
惟獨祢的公義，
才能主持公道，不會受賄賂而屈枉正直；
惟獨祢的公義，
才會聽我的伸訴，引領我走向正確的道路。

將來祢來審判我們的時候，
對信的人來講是個榮耀，
對不幸的人來講是個災難啊！

我們以心靈誠實敬拜祢，

懇求祢聖靈的恩膏大大充滿我們，
好叫我們的敬拜和讚美
討祢的喜悅，
讓我們眾人讚美的聲音，
成為馨香的祭，
上達到祢的耳邊。
是的，
祢是我們一生中最大的祝福，
眾山怎樣圍繞耶路撒冷，
祢也照樣圍繞祢的百姓，
我們信靠祢那美好的旨意
和永遠的福分。

願尊貴、榮耀歸給大有能力、
滿有恩惠慈愛的神。

榮耀尊貴的天父上帝，

祢是創造萬有、超乎萬有、
統管萬有的主。

在祢眼裡，人無分貴賤，
都是軟弱、空虛，不值分文，
靠自己的心計和力量而不倚靠神的人，
不過如輕煙，片刻即消失；

我們在世上有所得，
算不得什麼，是微不足道，
比空氣還輕，轉眼成空。

深願祢的旨意
在孩子的生命中作主；
深願祢行在孩子的生命中並且行的完全；
深願祢為孩子造一顆全新、
且純粹專一與急切對祢渴慕的心，
更多渴慕祢的同在；
孩子禱告、呼求，
深願我一生中滿有祢的榮耀的同在。

人生因為有主而踏實，

逃避主、不認識主，
不僅虛度人生且沒有永生。

主，祢用泥土造人，
吹了一口氣後，
人就成了有靈的活人，
所以人最重要的是靈，而非肉體、血氣。

人若屬乎血氣，祢的靈就不會住在他裡面。

求祢幫助我，
讓聖靈充滿我的心靈，
讓我在逆境、挑戰和壓力中宣告祢是我的神，
是我曠野中的讚美，
是孤單中的良朋密友，
是疲乏中的力量與能力，
是痛苦中的醫治和安慰！
是的，
不論壓力來自世界或撒但，
我們都要學習，

等候那至終會透過醜惡環境，
將榮耀歸於祢自己；

讓萬事都互相效力、凡事按祢旨意且愛祢的人得益處。
主！
祢是我所唯一信靠的全能神，
是垂聽禱告的神，
孩子
相信今日的十字架帶來明日的冠冕，
盼望今日的啜泣帶來永恆的歌頌，
相愛為主去傳揚最後永遠的福音；
歡喜迎接基督的榮臨。

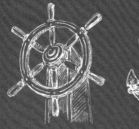

遇事不決‧可問耶穌
心靈交契‧莫忘順服
殷勤勿懶‧緊緊跟隨

主！
祢的威嚴，

祢的尊貴，
祢的榮耀，
願祢在我們中間興起，
在我們前頭引導我們，
並住在我們當中。

祢不僅把我們從悖逆當中救回，
使我們可以享受救恩之樂，
更幫助我們經受
不能肩負的重壓的艱難，
在我們人生
遭到任何環境震動、心靈疲乏中，
都可以來到祢的跟前，
祢必使我們堅固。
是的，
在瘟疫危急中，
祢必讓我們處之泰然，安然無恙。

謝謝祢，

祢天天背負我們的重擔，
祢是拯救我們的主，
祢是
使我們被瘟疫囚禁的心靈走出監牢的拯救者！

我內心對世界的思維總是像章魚一樣的伸展出來，
祢撫摸我的靈魂，讓我心靈深處的面容不至蒼老，
讓我跟隨祢的喜悅，變得通透而活躍。
祢一直接納我的過去，分享我的現在，
期待我樂觀的面對自己的未來；
祢領著我站在高處，
那世界的成功不能造就我，
失敗不會擊垮我，
且讓我一生緊緊地跟隨祢，
讓我不隨著自己的意思看這世界，
而是跟隨祢看著這世界的心意而變化，
海上的天籟，因為有祢使我更為清韻平靜。

主啊，
求祢引導我們走前面的道路！

求祢幫助我們

有不懼的信心，

啟動祢的能力，

祢的恩典與祝福；

使我跨越超乎我的境界，

為祢得著腳掌所踏之地，

勇敢為祢作見證、傳福音，

並奉祢的名領人歸主；

是的，

相信祢會透過我來成就祢的工作，

我將因祢賜的得勝而歡喜快樂！

祢是信實的神，

是我永遠的盼望，

是我的倚靠；

是的，

倚靠祢的必不羞愧！

當我落在低谷中，

我絕不放棄對祢的跟隨！

是的，
信心本身

就有一個內在的「風險」。
看不見才要相信，
看見的就不需要信心了。
我們跟隨祢，
所遇到的任何處境，
都是與祢同行的交托
與信心的考驗，
而「信心」是要操練的！

求祢與信靠祢的人同在，
我們要大膽跟著祢走！
不要讓猶豫不決，
膽怯和懼怕，
使我遠離祢給予我們祝福，
我們只有堅定的信心，
才能得著豐盛的產業，
才能讓祢帶我進入
祢所要賞賜的迦南美地。

親愛的主，
我們真知道祢在天上

鑒察萬物，

主啊！

祢知道我們的心，

祢也知道眾人的心。

我們深深相信

祢給我們每一個人在這世上

都有祢量給我們的地土，

都有祢量給我們的業分。

我們不要心懷不平，

也不要嫉妒他人，

我們要倚靠祢而行善，

以祢的信實為糧；

又要以祢為樂，

將事情交託、倚靠祢。

是的，

那能在這世上

不因作惡的而心懷不平，

是因為他眼光所注意的

不是暫時的，乃是永恆啊！

求祢幫助孩子，
要有專注永恆的眼光，
要注意永恆的事，
才不會被世上短暫的事物影響。

謝謝祢，祢不僅告訴我們，
我們從哪裡來？往哪裡去？活着為了什麼？
也教示我們解決罪的過程，「不至滅亡」，
使我們「反得永生」，達成生命的目的。

撒但是從不休息，

牠也不會要求停戰或講和，
牠就像一隻遍地遊行的獅子，
隨時尋找可以吞噬的人。

我們作主的兒女、
作主工人的就更不應懶怠，
我們要時時靠主警醒，
才不致讓牠有機可乘。

主啊！
我們要保守我們的心，
勝過對世上的一切，
是的，
我們若愛這世界，
那愛祢的心，
就不在我們裡面了！
我們若愛世界，像是
肉體的情慾，
眼目的情慾，
並今生的驕傲，

那不是從祢那來的，
而是從世界來的，
世界上的事及其上的情慾，
都會過去，
惟有遵從祢的話語，
才能永遠長存。

祢已創造慈愛、公義、聖潔，光和良善……
我卻創造了惡、不如、不知、不記得……
因為我一生在尋找人，不是尋找祢！

主啊！
祢的榮耀從高天普照於地，

祢的光線使祢所創造的地豐足。
祢即是光，亦是光的源頭，
祢以真理的光照明居在屬世黑暗中的人，
使其曉悟真理。
那蒙祢喜悅真正敬拜祢的，
是將自己作為活祭獻給祢啊！

是的，主！
一個常常感謝祢的人，
必定是對祢有信心的人。
對義人來說，
祢榮耀的顯現是痛苦的結束，
對惡人來說，
則是審判的開始啊！

那恨惡管教的顯然並非只有現代人，
乃自古迄今都有的情形。
我們要彼此儆醒，
不將祢的言語丟在背後，

因祢是審判的主啊！
祢總是斥責那惡人口是心非，
口裡說守律例，
遵守與祢的約並且獻祭，
事實上又把祢的話語置諸腦後，
不在生活中遵行。

是的，
將來祢來審判我們的時候，
對信的人來講是個榮耀，
對不幸的人來講是個災難啊！

這個世界
往往看到向現實投降的人，
人兒在放棄與不放棄，
在希望與失望之間，
竟向現實低頭，
卻不向祢低頭，
祢在我們裡面的，
比那在世界上更大啊！

罪疚使人受奴役，

赦罪使人得自由！
我們生活離不開祢，
離不開祢的帶領。
那東離西有多遠，
求祢叫我們的過犯，
離我們也有多遠。
祢愛我們，
照我們的本相接納我們；
主，
我們讚美祢，
我們要仰望祢，
祢的榮美何其盛，
祢的恩賜何等的大，
祢是謙卑和平的君王，
祢是末日得勝的救主！
主，
我們要說，願祢快再來，
讓我們做一個預備等候主再來的僕人，
讓我們作一個可以向主交賬的僕人，
我們真的是要

大大地傳揚
祢救人的福音、
祢國度的福音、
祢作王的福音、
祢得勝的福音，
免得祢再來的時候，
祢說祢從不認識我們，
求主保守我們的心
勝過保守一切！

人生有盛有衰，

有豐富也有缺欠的時候，
但祢的話當人在
曠野般的衰缺遭遇時
仍然有力，
仍然有盼望的往前。
是的，
當那患難來臨之時，
信心必會顯出本相。
虛假的信仰或信心不足，
碰到輕微試煉都會跌倒。
那擁有純正的信仰，
患難越深，就越依靠祢。
我們視患難
為熬煉信心的大好機會，
反而會充滿喜樂！

是的，
我們對祢真理的信心，
是來自於祢的應許，
祢應許聆聽並回應我們的禱告，

我們感謝祢是
我們的避難所和保護時，
孩子的信心就因此增長。

在屬靈爭戰中，心思是一個主要的戰場，
人心所思念的是甚麼，整個人就會傾向甚麼；
我們要思念祢所交付的事，不要思念地上的事。
不可為自己積聚財寶在地上，因為有蟲蛀，也會生鏽，
又有盜賊破門進來偷竊。要為自己積聚財寶在天上；
那裡沒有蟲蛀，不會生鏽，也沒有盜賊進來偷竊。
你的「財寶」在哪裡，你的心也在那裡。
「財寶」不是單指錢財而已，也包括了人的心思意念。
盜賊則是包括了誘惑人心的力量。
人的心思是很容易受到誘惑的。
但設若將精神放在祢的話語上，人會受到的誘惑、
損害就會降到最低，甚至有足夠的力量排除、抵擋這些會使人
脫離祢旨意的「盜賊」。
我們要相信活在命定裡，一生為榮耀祢而活。

我們一生經歷著

屬靈的爭戰、肉體的軟弱、
撒旦的攻擊、世界的誘惑，
這些都是我們的仇敵。

我們被神的靈所重生，
聖靈住在我們的靈魂裡，即產生屬靈生命；
由聖靈指引，我們即可進入神那深奧的光明美善！

屬靈的人，看世界、事物的看法，與一般人不同，
像亞伯拉罕和羅得對迦南地看法的不同，
像迦勒與約書亞對探索迦南地的見解和其他十人不同；
祢為那願意跟隨祢的人，打開心眼，成為屬靈的人，
祢要我們不看短暫的眼前，要看永遠的將來；

求祢帶領著、保守著我們，指引我們走正確的路，
領我們到安息之處，並隨時管教我們，
保護我們免遭受危害，使我們在真道上與祢同行。

我一生的日子，
要一直住在祢的同在中，
直到永遠。

主啊！
我相信只有祢

才是我能投靠的！
唯有祢大能的膀臂，
才能使我堅定不搖動，
以致我在患難中活出喜樂與安息！

我一生的好處不在祢以外！
祢必將生命的道路指示，
在祢面前有滿足的喜樂；
在祢右手中有永遠的福樂。

主！謝謝祢，
願
我與主同行的歲月裏，
主與我同在的心思裡，
跨過那桂林之美，
勝過那陽朔之善，
當飲過活水之泉，
忘卻那漓江世俗的逸樂，
一生浸潤在仁愛喜樂，
主的懷抱裡！

是的，主！
我雖然軟弱，

祢卻自始至終看我為秀美，

祢一直等待我；

在祢眼中我極寶貴，

我雖跌倒羞愧，

祢仍把我作為祢寶貝；

我們用眼一看就深深吸引祢了，

因為祢是我的父親，

我不要再為那爭奪世界

項上的金鏈奪了祢愛我的心。

我們願作

一個祈求祢憐憫的人，

在疫情當中求祢憐憫，

在服事當中求祢憐憫，

在面對工作求祢憐憫，

在身體健康求祢憐憫，

各方各面都求祢憐憫，

只因我們不配、不能、

不會、不願意，

從頭到尾都需要憐憫，

都需要連結於祢的恩慈，
需要祢光照我們，
願祢給我們智慧去愛、
賜福給我們平安。

生命的本身，
心思意念的成長是一過程……
而混亂我們的心思意念，常常不是環境，而是心裡，
我們必須藉著神，
瞭解我們生命的破口，與解決問題的出口，
但我們往往不能明白神的心意。
這過程裡，
懂得軟弱的人是一種謙卑，
懂得謙卑是信任神的帶領，
懂得信任是相信我們離了神就不能做什麼，
神的能力
是在人的軟弱上顯得完全，
是處理一切的源頭及力量。
因為我們是神所造的，我們只不過是其一的肢體，
懂得軟弱的是知道凡事要
連於真正的主幹，連於智慧的源頭，連於力量的源頭；
軟弱的人是智慧的人，
他們知道如何抓住應許，安靜等候，完全順服，
不是靠自己的能力，血氣以致敗壞。
我們一切的幫助從造天地的神而來。

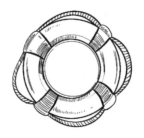

第六章

千禧船錨矢追尋

光拂 ・ 星榆 ・ 投靠祢

當人們認為
金錢可以帶來
生活經濟的慰藉
權勢可以帶給
掌控世俗遊戲的力量
那黑夜迷航的船隻
漫無止境的遊蕩
仍在尋找
指引光明方向的燈塔
無論我們身處在何時、何處
那聖靈在我們身上
無論我們是善、惡
非善非惡的
都將被一一記錄下來
也只有祢
讓我們相愛的人
在祢的國境裡相守

是的，主！
我「這一生」屬靈的爭戰

並不是以人為對象，
而是其背後的屬靈權勢！
若我不清楚祢的心意，
我如何能贏得我人生
每一場的屬靈爭戰？
我要單單依靠祢的大能大力得勝，
不是靠自己才能、勢力、財力、資源、
屬世的人脈、經歷……
主啊！孩子知道
人的眼光和力量，畢竟是有限的。
是的，
祢的道路高過我的道路，
祢的意念高過我的意念，
祢確知道我處的不合適的地方，
惟有得到祢的應允，
才是我屬靈豎立祢的旌旗之處，
也是我安身立命之處，
求祢來幫助我
依靠祢的大能，
在我生命上一同與祢經歷得勝。

是的，
當世界末日來臨，

日頭要變「黑暗」，

月亮也不放光，

眾星要從天上墜落。

那時，耶穌要施行審判。

凡相信耶穌、

名字記在生命冊上的人，

要進入永恆的天國，

那裡是永遠「光明」之地。

凡不相信耶穌、

名字沒記在生命冊上的人，

要進入永恆的地獄，

那裡是永遠「黑暗」的地方。

是的，

祢是盲者之光，弱者的希望，

祢是明眼人的亮光，強者的力量，

唯獨祢是全智、全能、無所不知。

祢到世上來，乃是光，

叫凡信祢的不住在黑暗裡。

那

黑暗遮蓋大地，幽暗遮蓋萬民，
那
耶穌是真光，
照亮坐在黑暗中死蔭裏的人，
把我們的腳引到平安的路上。
只有耶穌引領我們出黑暗入光明，
只有跟從耶穌，跟從祂的，
就不在黑暗裡走，
必要得著生命的光。

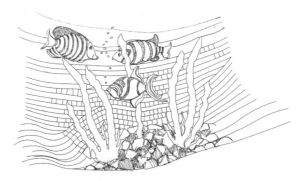

看那領導，並非炫耀擁有最多的僕人及財務，卻是為最多人服務，
因為他們心中已尋找到真正的領導……
信仰的路程是一個成長的路程，
是一步一步從各各他走向新天地的路程；
那世上最美麗的花園是客西馬尼園，
它不是橄欖樹綠環抱，而是那裡有祢的同在；
祢要他們儆醒禱告，免得入了迷惑。
是的，但那心靈固然願意，肉體卻軟弱了，就端賴是否緊緊跟隨！

我們在這個繁忙的世界，

能不能停下來？
在這個瞬息萬變的社會中，
我們能不能沉靜下來？
有時候我們一直無法放心，
處在煩躁、擔憂、混亂當中；
主！
祢要我們停下來，
祢要我們休息，
不要再靠著自己面對困難，
而是由祢帶領一切。
是的，
我們要靜止，我們要停下來，才能知道祢是神。

我們要照祢的話語，
我們要來到祢的面前，
學習休息在祢面前，
許多事情超越我們的掌握，
但其實一切都在祢的手中，
當祢與我們同在的時候，
我就得著無比的勇氣和力量。

耶和華是我的亮光、

是我的拯救，
我還怕誰呢？
耶和華是我性命的保障，
我還懼誰呢？
我依靠祢為生命的亮光，
我信靠祢為生命的拯救，
我仰望祢為生命的保障，
我深信祢為生命的力量啊！

主啊！
我們活在當下，
往往無法看見全域，
但祢在天上看著我們，
知道人的作為，
知道人心裡所想的，
我們不需靠
世上的權勢和資源，
因祢是我們一切的掌權者。

我們要存敬畏的心，

我們要同心來
仰望、等候、倚靠祢，
因祢總是看顧那敬畏祢
和仰望祢慈愛的人身上！

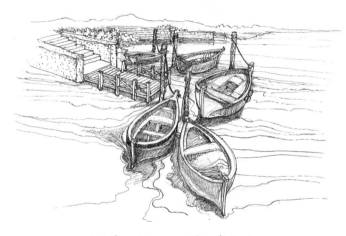

天空寬闊無界，海洋遼廣無際，
飛機必有航線，船行必有航道
人生的指南針都在祢的道裡，祢的愛是無條件的
但祢的獎賞並不是無條件的，當我離開了航道，我呼求祢
那平安、真理、光和愛，在我心中浮現
因為祢是道路、生命、真理、祢已將自己顯露給我們

一切過往皆為序章，

唯跟隨祢，
所有將來皆為可盼！

回首過去的老我泥濘，
或遇追悔莫及的痛苦，
亦或失之交臂的遺憾，
還是無力挽回的心酸；
沒有人可以回到過去重新開始，
只有祢會使我們獲得新的力量，
重新開始，成為更好的自己。
主！
我驚嘆祢的偉大，
我俯伏在祢的跟前啊！
是的，
我要跟隨祢，
我的心思反覆地念著，
我的意念儆醒著告訴我，
祢是我一生的主啊！

我要常守祢的律例典章，

求祢幫助我保守我
常行在祢的喜悅裡，
惟有祢的力量束我的腰，
才能使我的腳快如母鹿的蹄，
又使我在高處安穩。
是的，
祢是使我高升的神，
我們每個信靠祢的
都作首不作尾，居上不居下，
因為祢是叫我得勝的神。

祢創造
山河平靜遼闊，

無世上一點貪嗔，
祢是我的「產業」，
也是我的滿足！
主啊！
我相信只有祢，
才是我能投靠的！

是的，
那罪只能帶來短暫的快樂，
終將帶來無止盡的憂傷和後悔；
順服祢可能會帶來短期的困難和痛苦，
卻是跟隨祢過程的試煉，
終將帶來持久的喜樂和愉悅啊！

主啊！
天地四方何處歸

世人聰明愚頑誤
玩掌乾坤心機間
名利場上風浪起
一霎滄海桑田時
未蒙寶血入主門
彈指剎那芳華逝
人生離合望秋月
贏到頭來扔財寶

是的，主啊！
那心裡說「沒有神」的愚頑人，
難道沒有看到嗎？
自從造天地以來，
神的永能和神性是明明可知的，
雖是眼不能見，
但藉著所造之物就可以曉得，
叫人無可推諉。

心中說沒有神的人，真是愚頑人！

知道有神的人，
比那世上許多自以為聰明、
學識豐富，卻不承認有神的人，更有智慧啊！

聰明人是相信耶穌基督寶血能力的，
是承認自己需要救贖的，
是接受祢的慈愛，
是順服祢的引領，
是願意因相信祢而活的。

真正的聰明人，
就是投靠祢、以祢為避難所的人。
因為只有祢才是最可靠的！
一個懂得倚靠祢的人，
是最有智慧的人，
他知道將來要面對審判，
以致走在正路上，
並且努力行善的人，
這樣的人必然因著祢而歡喜快樂！

主！我們每個信徒的美，

在於內心長久的聖潔，
不在於外表易逝的美貌。
是的，主，
我們願意見證祢
在我們心中作王的事實。
主！
我們不是為了禁食而禁食，
我們減少記掛在食物的預備，進食的時間，
是要專心把我們的心思從食物轉移到祢的身上；
藉著禁食多花時間來親近祢、
向祢禱告，多默想祢的話
使我們的靈性更明淨，更加瞭解祢的旨意。
是的，
那禁食
不是把祢帶到我們的面前，
而是把我們的心帶到祢的面前，
更多的向著祢，
讓自己浸思在感念祢起初的愛和行在祢的光明中。
求主，
讓我們每個人都能成為
得勝的禁食禱告者。

祢是我的拯救，

一生的磐石砥根啊！
當我們越走近祢，
我的信心就越堅強；
祢所賜的福使人富足，
並不加上憂慮。
祢必照祢榮耀的豐富，
在基督耶穌裡，
使我們一切所需用的都充足。

孩子知道，祢告訴我們，
我們面對困境不靠自己，
是靠比自己能力大的 神！
是的，
祢是我們的避難所，
是我們的力量，，
是我們在患難中隨時的幫助。
是的，主！
我若不信在活人之地
得見耶和華的恩惠，
我就早已喪膽了。

因著
我們得著神、也被神得著，
這是我們生命與神連結的關係，
我們認罪悔改、
領受聖靈，主耶穌生命的奧秘
就在我們裡面。
是的！
全能的 神在我們裡面，
我還有什麼可害怕的呢？

主！
祢是偉大的牧者，

凡是信靠祢的人，不至缺乏，
祢必將最好的一切賜給我們。
是的！
我們曾是罪惡中的迷途羔羊，
如今是被祢重價贖回，
讓我們恢復屬靈的生命。

雖然我們人生道路
不盡然是一帆風順，
會遇到種種攔阻。
但是祢的帶領是奇妙的，
只要我們願意跟隨祢，
祢能幫助我們克服任何困難，
免得我們偏行己路而失落。
主！
我們願意放下自己，
將一生交在祢的手裡，
由祢來帶領我們人生的路程。

我的阿爸父神啊！

天地不過是飄搖的逆旅，
晝夜不過是光陰的門戶！
孩子屬靈的生活不可有任何虛假，
倘若我們
呼求祢、敬拜祢、事奉祢。
有時坐著，有時站立著，
有時睡在床上禱告，
就算有時屈膝的禱告，
卻失去了在祢面前，
敬虔的靈和真誠態度，
都不是祢要尋找的人啊！
是的，
我們的一生經歷著屬靈的爭戰，
肉體的軟弱、
撒旦的攻擊、
世界的誘惑，
這些都是我們的仇敵。
但祢帶領著、
保守著我們，
將我們領到安息之處，

指引我們走正確的路，
並隨時管教我們，
保護我們免遭危害，
使我們在真道上與祢同行。
主！
祢是好牧人
總是給我們無微不至的關懷，
我們無論在靈魂或者肉體上，
都能得到飽足，
所需的一切都能得到祢的供應。

我們要
緊緊跟隨祢，到老不偏移。
求祢做我一生的牧者！

主啊，
在這日光之下，

眼看看不飽，耳聽聽不足，

一代過去，一代又來，

求祢使我愛慕祢純淨的道，

使我得到祢真理的滋養，

讓我

天天在靈性上有長進。

讓我的生命，

天天就像一棵栽在沃土

和溪水旁邊的樹，

按時結果子，葉子也不枯乾，

凡事跟隨祢的話，盡都順利。

是的，

祢知道義人的道路，

惡人的道路卻必滅亡，

跟隨祢的人，

今生要得百倍，

來世要得到永生。

執灑穹蒼形四季，

萬物興歇皆祢手。
耶穌十架頂天地，
救贖應許誓跟隨。
鵠志不為流俗轉，
境當逆處且從容。
松勢臨颯傲雪霜，
雷鳴奮兮震萬里。
是的，
祢是
賜福與安慰的泉源，
平安與生命的根本，
是一切投靠的人的
幫助，安慰及保護；
祢總以仁愛及慈悲為我們的冠冕，
早已為我們在路上，
鋪上得勝美好的脂油，
在我裡面引領我前行！

我相信在人不能的，

在祢凡事都能。
求祢的手引導我、扶持我，
使我生命連結於祢，
與祢關係更親近，
愈加愛祢、渴慕祢，
每天在祢的話語中
得著啟示和亮光，
學習完全來倚靠祢。
是的！
祢告訴我，
「婦人焉能忘記她吃奶的嬰孩，
不憐恤她所生的兒子？
即或有忘記的，我卻不忘記你」！
祢是
無父之人的父，
無母之人的母，
祢要做孤兒的父，
為寡婦申冤，
又叫孤獨的有家，
被囚的得自由。

是的，
祢從沒有離棄我，
祢是生命的泉源，是世上的光，
常常引導我們在盼望中，
孩子要歌頌祢的聖名，
求祢的慈繩愛索
引導我們走向祢的祭壇，
好讓我們在受限制中，
仍然能讚美，
好得著超越環境限制的眼光。

我要停止看自己，而是定睛於祢！

我要停止向後看，跟隨祢往前瞻！

在祢手中，
沒有人能計數祢的分秒。
白晝和黑夜相繼過去，
但祢卻一直為我們等待，
我們沒有遲延的奢侈，
只有緊緊地跟隨祢！
願那聖靈感動，
我們相信真理的確實，
讓聖靈作引導啟迪的工作，
刻在人的心版上。
是的，
我們感恩
祢的救恩，
祢的慈愛，
祢的信實，
祢的等待，
祢的公義；
我們讚美

祢是末日得勝的救主！
我們要讓那海風的旋律，
吹起堅定跟隨祢的號角，
在人生的風雨雷暴中，
覺醒我們的意志與方向，
我們揚起信心的船帆，
因著有祢的同行，
我們得勝地跟隨祢
一起在海面浪路中行進。

穹蒼碧雲青草地　·　夕陽海面映艙簾
晚霞作客度芳華　·　纖風彩蝶共詩篇
若無十架之救恩　·　何有榮耀之冠冕

孩子的一生，

若不是祢建造房屋，
建造的人就枉然勞力；
若不是祢看守城池，
看守的人就枉然警醒。

我們不是倚靠勢力，
不是倚靠才能，
乃是倚靠祢的靈方能成事。

謝謝祢常與我同在，
孩子願意
在生命中讓祢完全掌權，
凡事以祢居首位，
順服祢的引導，
完成祢的旨意，
榮耀祢的名，
活出得勝有餘的人生。

是的，主！那
「風起作雨，震雷閃電，

花生花結，非有神而何？
自不察耳。」
天不會塌下來，
日月星不會掉下來，
乃因有祢的存在與管理。

主啊！
生活是如此紛繁雜亂，
到處都是喧囂的噪音！
求主幫助孩子，安靜獨處，
來尋求祢的面，
讓孩子的心靈進入獨處中，能與祢相遇。

求祢進入我的心，讓我進入祢的同在，
我將煩惱傾倒給祢，把一切都告訴祢，
讓我能經歷釋放與平安。

是的，
我們倚靠祢不是一時，不是一次，

乃是要時時，要不斷的倚靠祢。
祢向我們懷的意念
是高過我們的意念，
求祢不要向我們止住祢的慈悲；
願祢的慈愛和誠實，常常保佑我們。
求祢
顧念我們、幫助我們、搭救我們，
讓我們
更認識祢、更經歷祢、更讚美祢！

主啊！
祢是我臉上的榮光，是我的神！

求祢發出祢的亮光和真實，
好引導我，
到祢的聖山，到祢的居所。
是的，
我們若在光明中行，
祢就與我們在光明中彼此相交；
當我每一次的嘆息與哀慟，
只有祢會施行拯救的大能
並以慈愛憐憫相待，
唯有祢是我唯一信靠啊！
是的，
我惟一的出路
就是抓緊祢，不放棄祢。
祢是我的拯救，是我的幫助，
祢是我的神啊，祢不會丟棄我。
是的，
我們願有更多的禱告呼求祢，
更深的交託、倚靠祢，
時時讚美祢；
祢必將大能大力覆蔽在
我們每一位渴慕祢的兒女身上！

心之所向，若未認主

目之所及，將是世界
主之話語，銀煉七次
潤滴人心，聖山常敘

耶穌，
求祢進入我的心，
用祢大能的寶血釋放我；
讓我進入祢的同在，
領受祢的大愛；
我要在祢面前，
全心向祢稱謝；
祢是如此愛我，
我要單單屬於祢；
是的，
「非聖潔沒有人能見主」。
來到神的聖所，不是那些帶著
厚禮前來的人，也不是那些外表
看似非常敬虔的人，
而是那些行為正直、公義的人。
神是鑒察人心的，

祂要我們心中的意念及行為
都能蒙祂悅納！

一個真正聖潔的人，
擁有與世界不同的價值觀；
他看重正直、公義勝過金錢，
因此他即便損失、放棄金錢，
也不願意得罪神！

世上可喜悅、正直的誠實話，只有神的話。

神是我們的生命、是我們存在的依據，

和一切活動的終極目標，願我能認識神的一切豐富。

神是無所不在的神，

我能往哪裡去躲避神的面呢？

即使一切儘管失去，

我仍要不惜任何代價持守與神的關係，

神就會透過我的生命成就祂的計畫。

是的，

我現在信了嗎？信的有多深，

我因信所做的工作迄今有多少？

我現在望了嗎？

我因盼望我們主耶穌基督的到來，

我堅守聖經的交付及傳揚福音，

所存的忍耐有多少？

我現在愛了嗎？

我因愛主而愛人，領人信主，

所受的勞苦有多少？

求主，讓我們有一顆

屬靈的心，屬靈的眼睛，

不再被私欲成為我們靠近祢的阻礙。

是的！我們
不要愛世界和世界上的事。
人若愛世界，
愛父的心就不在他裏面了。
因為凡世界上的事，
就像肉體的情欲，
眼目的情欲，並今生的驕傲，
都不是從父來的，乃是從世界來的。
這世界和其上的情欲都要過去，
惟獨遵行　神旨意的，是永遠常存。

當迷戀世界的美好，而忘了心中有祢，最後沉迷不止……
艙窗大霧彌漫，光影蹣跚，若能與祢同行，何懼之有
人兒為了私欲，常在罪惡和善良結伴而行，與靈魂共謀叛逃
最終積勞囚禁至無法自拔，何時方能純粹的跟隨祢
自信地為自己的生命喝采？

主啊！
祢是我心房的亮光，

是我喜樂的泉源啊！
是的，
祢靠近傷心的人，
拯救靈性痛悔的人！
這世界再多的罪惡、醜惡，
不能掩蓋祢在掌管，
祢的拯救在絕不失敗的進行著，
祢對信靠祢的人保守到底，
我要時常稱讚、稱頌、
讚美祢奇妙的作為。
我們在艱難中，仍要來讚美祢！
我們要嘗嘗祢恩慈的滋味，
便知道祢是美善的！

深知身在主眼裏

卻把千金酬世界
現實生活受試探
權柄榮華陷挾制
未見老我換新裝
此嘆不干風與月
一場客旅終虛空
只因
知道易矣行道難
悔見天門心垂淚
是的，
我們不是顧念所見的，
乃是顧念所不見的。
因為所見的是暫時的，
所不見的是永遠的。
那至暫至輕的苦楚，
必為我們成就極重無比永遠的榮耀。
主啊，
求祢保守我的心！
使我在各樣的環境中
都能定睛在祢的身上，

因為祢是
我們唯一的倚靠！
求主與我們同在，
我們願與祢同行，
繼續持守義路！

讓我跟隨祢的行動成為宣告
讓我跟隨祢的愛充滿世界

全世界都有苦惱、煩悶，

只有一個方法可以醫治，
那就是
相信祢的話，專心跟隨祢！

當我們認識祢，跟隨祢，
沒有一種生活是可惜的，
也沒有一種生活是不值得的；

是的！
主！祢是得勝的，
是公義的，是榮美的！
讓我們凡事
求祢的喜悅，勝過自己的喜好；
讓我們所做的，
遵循祢的旨意大於自己的生命；
讓我們的眼光和心思，
單單注視祢，跟隨祢！
求祢，榮耀的光常照在我們裏面，
也常在照在我們前面的道路，
引導我們前行。

是的，主！
當我仰望星空時，

看見宇宙的浩瀚，
看見人類的渺小，
也看見祢竟眷顧我們。
是的，祢涵蓋一切，
包含寰宇的空間和時間，
我們看那日光下的山岳與海洋，
還有月亮星宿等美麗的景觀，
我們驚呼祢的奇妙作為，
祢的作為不僅是在美好的大自然中，
也在所有的事上掌權，
祢所做的都是美好。

而我們的罪性，
在任何地方都可以墮落，
但祢的恩典在任何時候都搭救我們，
祢始終讓我們經歷到祢的奇妙作為。

世人的罪，都在祢的手中，
當信靠祢的人增長，祢在他們的身上

顯出的恩典和榮耀也越多，
是的，即使過去有再多的恩典，
也可能一時失足。
他們在過去陷在罪中，迄今如此！

這是寬容而不是耽延，
祢不願有一人沈淪，乃願人人都悔改。
當天國的福音要傳遍天下，
對萬民作見證，那末期就來到了。

耶穌肉身到人間，

空棺無痕眾悵惘，
魂魄歸處無人知，
光映群峯化大愛，
復活再顯天國訊，
耳卻未聞眼未見，
人心未曾能意料，
世間始信有真愛，
於今罪人受蒙恩，
成主兒女作聖民，
聖靈同居惠恩賜，
賜我聖言窄路行，
盼吾同工得完全，
願能行道顯主恩，
宣揚福音國度臨！

祢是萬主之主，萬王之王，

祢已勝過世上一切的權勢，
列國的萬族都要在祢面前敬拜。

史上有許多的人，
甚至是有權、有勢的君王，
試圖敵擋耶和華和祂的受膏者。
凡敵擋耶和華受膏者的人，
祢要「在怒中責備他們，
在烈怒中驚嚇他們」。
歷世歷代敵擋的君王，
他們的國度已被摧毀，
唯獨那基督的國度
卻不斷地擴張，我們擁戴耶穌為王！

是的，主，
這世界到處都充滿爾虞我詐、罪欲橫流。
我們原本都是死在過犯罪惡之中，
是祢叫我們活了過來，
把我們從仇敵手裡拯救出來，
是祢調轉了我們腳步，

是祢扭轉了我們命運，
是祢改變了我們生活，
是祢給予了我們價值。
主，
我們今天既已脫離了罪，
就不可再放縱肉體，
要學會順從聖靈，
因為順從肉體便是死；
那輕慢、看不起、
抬高自己、驕傲的人，
我們也不與他為伍；
在一般人說，
世界上只有兩條路：
義路與邪路。
走在義路上的，就是義人；
行在邪路上的，就是惡人。
那惡人並不僅是犯了罪的人，
乃與祢為敵，褻瀆祢的，
不相信祢的話，
不相信主耶穌就是
我們所等待的彌賽亞，
像這樣的人

我們不從他們的計謀。
是的，
我只喜愛祢的律法，
將祢的話藏在我的心裡，
不離開我的口，
晝夜思想，好使我謹守遵行。
是的，主
祢的言語是我心中的歡喜快樂，
因我是稱為祢名下的人，
祢將使
我的道路亨通，凡事順利。

不論我身在大海何處，

不論我是何等的職務，
此時此刻，
我們生命中的每一瞬間，
有一件事恰好相同；
我們在海上不是處於靜止狀態，
我們正在航行的旅途中，
因著有祢的同行，
當我進入海洋的開始，
祢就未曾停息片刻；
無論這片海洋多深，
我深怕自以為義，
而迷失在這航行裡！

在平靜的海面上，
每一個人都可以成為領航員。
但世界充滿驕傲
及恃強凌弱等等的情景，
若是沒有祢的領航，
我將出賣祢一切的恩澤，
願我一生緊緊跟隨祢前行！

那懂得讓祢掌權，
方能撐住這逆勢
轉向為順勢的扶手及力量！

有人說外面世界學的是知識
我說我寧願跟隨祢，在祢裏面出來是智慧
有人說，人生是喜怒哀樂悲歡離合
我不貪心，因為只要跟隨祢
祢將最珍貴的那一半，喜、樂、歡與合，給了我。

參天之木，必有其根，

懷山之水，必有其源，
生命之源，必有其主；

我們與祢的距離，
端看我們膝蓋與地板之間的距離，
更看我們誠實心靈與祢相通的距離！
願我常能在地上向祢傾訴，
更求把祢的意思行在地上；
我願一生與祢同行，
願祢與我一生同在！
我的心歡喜，
我的靈快樂，
我的肉身和心靈
要安然居住在祢殿裏！
是的，
祢右手有長壽，左手有富貴，
祢的道是安樂，祢的路全是平安！

行路難，

不在山，
不在水，
只在人情反覆間；
是的，
那每一次禱告，
都是投靠祢的機會；

討祢喜悅的，
不一定人都喜歡，
敬畏祢能使我們不懼怕人；

我的一生
不是從人那裏尋找信心，
而是從祢那裏尋找信心！
我要認識祢，
學習與祢相處；
我要經歷祢，
順服聽從祢的命令；
我要接受祢，
明白生命的道理；

倘若我心裏只注重自己及罪孽，
祢必不聽。
我要交給祢，
一生去做祢榮耀的器皿！

當夜靜月色，天空幽藍，聽著卡農的悠揚
品味著高山冰河礦泉水配搭燕窩、桂花、冰糖
黑枸杞及深山野蜂，啜吸著雪茄的醇厚與溫度
那若是人生極致的一隅，但可知你的氣息
依然在祂的恩賜裡！
是的，請不要再告訴別人
你曾在世界的崢嶸做了什麼？
而是要想，你為祂付出了什麼？

看那
一池萍碎，

春色三分，

清風吹襟，

憂思傷心，

我竟是十分塵土；

聖經有盼，

個個成聖，

方今之時，

僅免罪焉；

祢珍藏着生命所能思考的菁華，

我們一生跟隨祢，

我們的言語

要感恩，要誠實，

要造就人，要合適，

要有恩慈，要有智慧，

要柔和啊！

是的，我們一生不嫉妒

別人的成就，恩賜天分和一切擁有的，

也不特意的凸顯自己且保持謙卑，
不計算人的惡，不好批評、
指責、吹毛求疵，不自私，
願意付出和慷慨的施舍，
能更多的包容，且不輕易受激怒，
不為自己所犯的錯找藉口，
不向罪妥協，且恨一切的罪！
那將來各人要照自己的工夫，
得自己的賞賜，
因為我們是與祢同工的！

感謝祢，
那頭上，藍天白雲，
那腳下，綠水青山，
祢的愛擁抱著我們，
祢的眼從不離開我們的身上；
願那熱情的歌聲，熱情的舞姿，
我們謙卑地向祢敬拜！
願我們在船甲上，
喚起我們對祢千古恩慈的記憶！

祢不在乎我的學歷，我的知識，

而是與祢在一起分享祢的話，
在祢裏面有智慧、有亮光的人生！
那憑着信心求的，
是一點也不疑惑；
因為那疑惑的人，
就像海中的波浪，
被風吹動翻騰，
這樣的人，
不要想從祢那裏得什麼！
是的，
我就是在患難中，
也是歡歡喜喜的；
因為知道患難生忍耐，
忍耐生老練，
老練生盼望，盼望不至於羞愧；
因為祢賜給我們的聖靈，
將祢的愛澆灌在我們心裏！
願我親近祢，跟隨祢
祢就賜予
信心提升我的才能，

仁愛引導我的處世，
喜樂充實我的心靈，
和平擴張我的境界，
忍耐考驗我的心志，
恩慈覺悟我的悔改，
良善磨煉我的馴良，
信實考察我的可靠，
溫柔融合我的性情，
節制陶冶我的智慧，
寬容磨礪我的價值，
謙卑儆醒我的敬畏，
關係強化我的靈性；
我們要接受並實踐
祢賦予我們美好的價值觀，
是的，
祢定會賜福這樣追求品格能力的人。

祢鑒查我們的內心世界，

並不會被我們外表的行為所欺瞞。
人的話語，
總是為著一時
因時地制宜的溝通；
祢的話卻是不受時空限制，
是我們人生路上的光、信心和行事指標，
我們更靠祢洗淨人的血氣和生命指引的路途。

我們一生是與祢交往，
不是總是與人交往。
是的，人生客旅，
結果是人絆倒我，
祢不但不會絆倒我，
卻是看顧我走正義路！

在神面前沒有能力，

在人面前也沒有能力，
在仇敵面前更難站立；
謝謝祢，祢是我一生
信心的功課，
忍耐的提煉，
謙卑的塑造，
交託的依據，
安靜的磨礪，
盼望的亮光；
祢對我的計劃無法測透，
不是任何人能去左右。

沒有祢的生命，
我是無望的盡頭；
有了祢的生命，
我是無盡的盼望；
是的，
我不再向祢講述
我的風暴有多大，
我要向風暴講述，

祢有多大！
我不再畏懼，
只要與祢同行，
祢已領我前行！

俗世不知今生何時許，卻將夢想追天明，
人生有太多的機會與祢相遇，
有些人卻是擦肩而過的與祢遇見，
我願與祢有份刻骨銘心的相遇，
洗淨我一切的罪惡，填補我追隨祢的理想！

人生從生到死，只是經過人間，匆匆幾十載，
盡在浮生一夢間，我是否曾盡心盡力地跟隨，
那美好的仗，我已經打過了，
該跑的路程，我已經跑盡了，
當守的信仰，我已經持守了。
那生命最大的不幸不在於貧窮，不在於卑微，
在於失去了方向感與價值觀。
人生中最美的遇見，就是靈魂深處
緊緊與祢相伴，我是否與祢真心地同行？

主！
渺萬里層雲，

隻影向誰去？

那

山因人而靈，

水因人而麗，

人依神而貴；

感謝在茫茫大海中，

能向祢傾訴，

憑着祢的滋潤，

讓我塵封已久的心綻開；

無論是酷暑嚴寒、風雨雷電，

因着祢的陪伴，我不覺疲憊和孤單！

是的，

祢恩賜我們的應許，

是要榮耀祢的名，

和成為祢祝福的兒女。

那人非有信，

不能得祢的喜悅！

我要

晨夕思禱同祢在，

不受塵埃半點沁！

那光穿透黑暗，

那愛超越死亡；

是的，

祢的光和愛，

穿透黑暗，超越死亡。

在轉瞬即變的時空裏，

在人生無以反覆的過程中，

祢打敗了時間、文字、聲音和表情；

那坦誠的語句，

喚醒了我們曾經的期望，

照出我們心裏的隱情，

醫治我們心靈的良藥，

飽足我們創傷時所需的膏油，

更是我們返航時唯一的一把鑰匙！

天地祢留砥柱義

盼尋義人跟隨行

漫漫長路獨自征

幸得獨子共途中

願吾扮得三分像

莫負此生與同行

那無數翻飛的浪花，

可否洗盡塵世的鉛華，

這世上只有兩種人，

一種人是有獸的記號，

一種人是有祢的記號。

那屬肉體的，

懼怕世界、懼怕人，不懼怕祢。

那屬剛強的，

卻是懼怕祢，不懼怕人。

祢是信實的，祢的話是可信的。

祢所說的話，一句都不會落空，

也必定成就到底。

我站在斜陽，望見遠海的變色，

那日末的微光，無法抵抗夜色之侵伐，
那濤聲無法撫平喧囂的世界，
唯有祢的話語，帶來了信心的夜曲，
隨著月色撲面而來。
是的，
我們得救是本乎恩。
這世界和其上的情欲都要過去，
唯獨遵行祢旨意的人，永遠長存；
聽見和看見祢所預言的一切話後，
不斷地持守遵行，就是有福的人啊！
願我常思念天上的事，
因這世界和世上的一切都要過去！
是的，
沒有什麼比祢更能安慰我的。

看那浩瀚的夜空中繁星閃爍，

我是如此的渺小，
祢的愛卻如航路上的燈塔，
使我的心充滿著盼望。
祢為我們降生，
為我們釘在十字架上，
為我們的過犯受害，
為我們的罪孽壓傷，
祢受的刑罰使我們得平安，
祢受的鞭傷使我們得醫治，
祢的寶血洗盡了我們的罪；
祢為我們埋葬，三天後復活，
告訴我們新天新地的事。
祢升上高天，坐在寶座，
帶領所有蒙福的受造物
不斷地讚美，
為我們在地上的，做我們的好牧人；
祢讓聖靈澆灌我們，
使我們有各樣諸般的恩賜，
也讓我們領受祂的果子，
仁愛、喜樂、和平、忍耐、

恩慈、良善、信實、溫柔和節制，
　作為我們靈裏的特質；
祢邀我們與祢一起服事神，榮耀神，
　祢自喻是我們的新郎，
　要我們聖潔，與祢一同坐席。

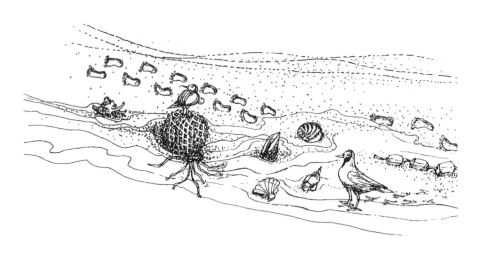

載瞻星辰・吟咏高歌
霧餘海畔・悠悠空塵
神存聖潔・妙機其微
勝於金銀・悟入永恆

人生一切，

景在眼中，
情在義中，
那生命的船舷，
在泱泱碧水中任我無矢的靈魂游弋向前，恣意所欲地流浪，
祢的慈愛卻成為我生命的羅盤；

祢在大自然毫不吝嗇地潑灑著綠色的海洋，
讓白雲穿過山谷，讓風運行在水面上，
讓我航行踱思在這深遠的海洋上；
主！
我是否一出母胎就與祢疏遠，
一離母腹便走錯路，說謊話。
祢為一切受造之物歎息、勞苦，直到如今。
是的，
那胎兒從充滿羊水的母腹中
出生的肉身就是肉身，
我若不能順著祢賜予的聖靈而行，
那屬世邪情私慾的渴望，
我終究是抵擋不住的；

我願意讓祢掌權從我出生的開始，
接受屬靈的生命也開始茁壯、成長、成熟，
以致不在這大海中迷失！
是的，孩子一生無論是遇
洪水泛濫、海浪制止、水面行走，
都需要祢的同在！

認識祢，不是人生就此沒有波瀾，
而是緊挽祢的手，在那興風作浪時，
祢已為我扛起一切！

碧綠海水與蔚藍晴天交錯的美景，

仍無法顯出祢愛的厚實與壯闊啊！
我們在祢安排的
繁星拱繞的人羣中，
那被喚做寂寞的情感，
竟像一股涼意似的突然從甲板上
緩緩在我心中泛濫開來；
祢看，一切受造之物都是好的，
祢明確指出寂寞是我的頭號問題，
就是「那人獨居不好」！
卻因着我們陷入自以為義，
破碎了與祢的愛連結；
我們在每一幕的生命場景中，
祢不只是愛我們，
祢也提供了永遠解決
我們內心寂寞的方法，
祢深知我們內心深處的
渴望、想法；
我將與祢同行，
即便再受到考驗和試煉時，
我不再離開祢！
讓我再度揚起出航的信心，
那與祢同行的愉悅！

那潮起潮落，終有定時。

看盡在人生的湯湯大潮中載浮載沉，
潮來潮去，又有誰能夠左右呢？
如果說
莎士比亞是西洋文學的瑰寶，
史記是中國文學的瑰寶，
讀莎士比亞，學習文采，
讀史記，學其詞鋒，
終究逮不及祢那永恆的話語啊！
開卷啟示錄裏，
我們誰也不用羨慕誰，
因為人生這總帳單結下來，
我們將發現，
每一個人都有他該得到的一份。

我不再好為人師，

我要好好學耶穌，

生活不是一場遊戲，

而是一種與祢的關係，

如何將我的心靈，

讓祢掌權，

這是我生命惟一的功課！

有人說 那心中的年輪，

只有閱過歲月的人，

才會明白生活的無常與驚喜；

主啊！

我說那些心中沒有

祢那賜予的濾鏡，

怎能看到花開時，

是祢對風的溫柔，

和那一切的美好與詩意。

那遠方燈塔明滅

熠熠星空
一灣銀河
我一步又一步
唯有祢是盼望之路
唯有祢是恩典之路
祢愛、祢手
牽引我這人生路
滄海月明船帆影
水烟澹澹風蕭瑟
孰人行走波濤上
孰人安撫浪風靜
凡者心茫江浸月
血氣自義有何益
惟有信心且當眼
不見一人只見主
與共行走過蒼然

人們的交往，

初期的交往或看禮貌，

長期的交往看跟隨祢的反應。

人生猶如潑墨的身影，

在那末了，我的記憶是那色彩褪盡的山水，

還是繽紛無限的與祢相遇！

是的，

我凡事都要在祢裡面，

跟隨祢一起做工，

而不是靠自己的能力做工，

因為離了祢，我們就不能做什麼，

祢說在祢裡面的，這人就多結果子；

祢已把自己永不枯竭的大能和影響

注入每一個場所、每一種景況和每一個時刻，

我們一生與祢的關係，不僅是一項生命的責任，

更是一種喜樂的聯合。

我要來讚美祢，

閃耀在我的心裏和雙眸中，
我每天得到祢的恩典！
祢竟為了我，餵養我、裸抱我、改變我，
讓我可以在祢裏面找到祢應許給我的一切；
我卻被世上所迷惑、盲目，
忘了榮耀祢的一切！
祢用海連接天，用天連接雲，
我們一起追蹤浪花，
試着想像啟示錄的灘頭，
祢從未在歷史中隱藏自己，
祢從未在祢的話語裏隱藏自己，
祢早將這世界裝訂成冊，
最後歸檔在啟示錄裏。
我們心裏明白，祢多次的告訴我們，
我們苦行於畢生守護的土地，終遭災難，
因為那不是祢賜予的永恆的地土。

當我不是以祢的美好

及對我永不止息的愛來誇口，
而是不覺漸形自以為義地
誇耀其他世上的事，
那憂慮、羞愧和氣餒就會來襲，
求祢教導我回轉
將一切的指望放在祢身上；
是的，
如果我真的愛自己，
就必須愛祢，
愉快地行出祢的旨意；
求祢用祢臉上的榮光照我，
讓我認識祢的愛；
是的，
我無法承受的唯一損失，
就是失去祢與我的同在！
且讓我謙卑低頭
與祢前行，忘記背後，
祢與我同在的號角，
將在我心中縈繞著得勝的樂章。
求祢，幫助我一生無縫的跟隨祢！

主啊，
世上最富有及最有權力的人，

仍只是在祢的許可與支配之下，
願我從祢那裏找到
真正富足來穩固我的一生。
求祢在我裏面創造
真正寧靜的平安，
不是任何虛偽的沮喪、
苦惱或是絕望。
我唯一的安全和保護，
乃是在祢裏面，
我們日用的飲食，
今日賜給我們，
我不再求祢為我做這個、那個，
而是求祢在我生命中得榮耀！

祢為世界開啟密碼，

要我們彼此靠近，彼此取暖，
海上的魚群沒有失落同伴，
聚集著悠游伸展著軀體，
陽光在海面又激起燦爛的白影，
那風湧無鳥的海上，
只有緩緩與我前行的藍鯨，
海的頂峯是島，
浪的化石是島，
但祢未曾蒼老；
當黃昏正對着一片弯蒼漫開，
那拉撒路從陰間回來，
把一切都告訴我們，
使我知道
跟隨祢可以征服世界的一切；
凡夫嘈嚷一生的所有得與善，
即在那啟示錄吹起第七號角聲結束！

看那海灘旁的奇石，日落後的海景，

滿天的星光，哪一項不是屬於祢的！

我們將剩餘的法式馬卡龍分享給朋友，

全部的瑪德蓮交給女兒，可麗露給了兒子，

剩餘的價值擠給老闆，

剩餘的感情交給牽手的人，

剩餘的軀體交給時間，

我們還有多少時間交給祢？

祢給了我們眼睛，

我們卻分不清世間的顏色，

祢給了我們心靈，

我們卻去分清世間的善惡，

我們用一輩子的時間

塗塗抹抹彩繪自己的人生，

為什麼不交給祢來完成祢要的畫面！

天空的白雲似打開羊欄，

重新造化他們的心靈，
不再丟失在天邊，
穩穩地端坐的，像似孩子卻不吵不鬧，
他們聽到祢的聲音，祢也認識他們，
乖乖地等待被領回。
讓所有的惡逆時針流走，
讓所有的愛順時針前行，
讓他們忘記背後，努力面前，
繾綣轉身，回到祢的擁抱；
是的，
我們在追隨祢的過程中，
有時是別人無法懂得的世界，
祢那超乎常人所能了解，
將我隱藏的潛能在跟隨祢的過程中，
不斷地泉湧出來；
我們願意與祢同行，
發現自己，開啟自己；
在人類的智慧與知識有限的海洋裏，
我們尚存太多的無知，
我們只能跟隨祢，

看做是我們生命成長的啟蒙者
和引領我們成長的偉大牧者。
是的，
我們要承認我們的不足，
祢的引領及開啟，
是我一生跟隨的至寶。

天涯海雁雲水間　·　瀲艷波光人何在
一憶一驚老我在　·　孰人為我洗風塵
覽經禱告勤跟隨　·　長河漸落曉星沉
就算枯身也復生　·　碧海青天照虔心

早起的嵐霧群聚如船帆，

開往太陽甦醒的方向，
那詠嘆的波浪，
都發源於金黃色的清晨，
當天色越暗，星星就越被看見，
並且美麗，無可指摘。
祢所在之處，
不是在天涯海角，
而是在我心裡，
我越承認我的罪，
祢的恩典就越是真實；
我一生要記得
祢的智慧使我不再憂慮，
祢的憐憫使我不再怨恨，
祢的美好使我不再貪婪，
祢的聖潔使我不能犯罪，
祢的主權使我謙卑跟隨，
我一生需要祢的幫助，
我要永遠記得！

海有多大，船就有多小，

海有多深多豐富，
也只是行走在月亮與太陽之間；
祢有多大，我們就有多小，
那月亮與太陽只不過是祢造的；
在海上的商艦，搖盪入落照，
不思那永恆的美好，
好像昔日的我，
求主！
幫助我不要將盼望過度地
放在人的知識、社交、
人脈和計劃能力上。
我們凡事都要完全的依靠祢，
求主幫助我不去抗拒這個真理　，
在海上，燈火明滅，
商賈們縱橫海峽的船隻，
迷失於霧霾中的航行，
那善商之船
是否依然跟隨祢前行？

天空覆着滿天星斗，我躺下，

眼底只有靜靜的月，那溫柔的光，
讓我盼起與祢永恆的約定；
那心中的偶像與祢相爭，
為要奪取我的忠誠；
那悖逆不只來自於我的理智和思維，
更是出自我的心。
祢知道我心中的光景，
我將我的需求擺在祢面前，
我不再懷恨那傷害我的人，
這些是妨礙我去明白有祢同在的喜樂
與有祢保護的平安，
求主幫助我挪除這些苦毒和憎恨，
讓我的心充滿祢的喜樂。
我每次的出航，
那快樂不是建立在好天氣之上，
而是與祢同行，
因為祢看顧我，
我將我的心和盼望寄託於祢。
祢是我心靈的密友，
我將透過傾聽祢的話語，
並藉着誠實且持續不斷地禱告，
使我與祢同行！

人生本是一場爭戰，

要對抗世上反對於祢的那股勢力，

和我內心殘存的悖逆和罪孽以及撒旦本身。

祢在十字架上，遭眾人背叛，

否定，拒絕及拋棄，

祢依舊信靠天父

並將自己交付在天父的手中，

這一切都是為了我；

是的，

祢的恩典已經砍下我生命中的罪惡樹，

但是這棵樹的殘株和殘根還是存在，

求祢燒盡我裡面殘留的頑固老我的殘株；

看那惡人憎惡祢宣告

擁有掌管人類生命的主權；

我因着畏懼會被嘲笑

或者激怒他人而害怕提及祢，

但是祢並不受制於

世界權勢的恐嚇威脅。

那好消息的傳揚，

是要抵抗這個時代的潮流，

如果我們傳講好消息而不來聽我們的，
我們仍要向祢所存純一清潔的心，
不要用其他東西來吸引他們。
懇求祢讓我明白
那順服於祢的喜樂，
以及伴隨而來的無懼！
是的，得勝的，
祢要賜他在寶座上與祢同坐。

我要緊緊跟隨祢，
勿再錯認世界的是非，
不再把自己的失措歸於世界；
祢要我緊跟祢的格局，
要我不再為自己出航，
而是為祢征戰。
祢是我今生的元帥，
當我再次回抱世界的海洋，
需要祢在我內部的重建，
使我從生命中
憤懣黑暗的沼澤裏，
引領我入光明；
於今我聽號祢的聲音，
祢為我擴張境界，
擺脫那患難與艱困，
這一切只有覺悟的
付出信心的跟隨祢，
心中將揚起那與祢出征的喜悅！

當清新如灑在船上的第一道曙光，

我希望我能親吻祢的唇，
我仍如初戀般的強烈，
追尋祢的話語！

當天氣蔚藍清朗，當花朵恣情綻放，
那夜幕低垂為了白日變得歡樂；
在誘惑揮別而去，
我們留下的一切，
塵世的喜悅為何？

當人們的紛紛攘攘消退而去，
我留下的靈魂，快樂嗎？

我們從擾嚷的世界經過，
走在人群的靈魂當中，猶疑不定；
在流轉的星辰、朦朧的天際下，
我彎腰屈膝向祢傾訴，
願祢與我漫步同行！

海岸如歌，海浪往復穿梭，

生命繽紛來去，合奏一曲樂章；
有時風浪猛襲堤防，激起高聳的浪花，
退潮了，波浪離海岸越來越遠，
但我仍能望見那清澈的藍，
船上的雷達與聲納，
抵不過祢的關懷所賜予的平安！

祢告訴我，若我真的愛上祢，
我就須變得純潔而勇敢，
以聖潔妝飾來跟隨祢，
但願我從祢的眼眸中，
看到祢的喜悅！
是的，
遠處的燈塔白色斑駁的牆壁，
船已漸行停泊在馬德里港，
我承認我像約拿，希望祢只愛某些人，
我把愛每個人掛在嘴邊，卻沒有真的這麼做。
求祢教導我對祢所造的萬物，懷有憐憫，
幫助我，重新開始，去愛所有的人。

主啊！
祢決定星辰變化和作息，

有些人搭載了歲月，卻再也靠不了岸！
疫情中的空氣在空中交互翻滾、撞擊，
像似為我在這世界上的罪，
如長矛刺入我及每個人的心中，
疫情的風勢，侵襲了每座城市，
寒蟬悲鳴，生意退卻；
但是我們罪的瘟疫是否感染我全身每個部位，
是否使我悲慘與極度地只顧自己，
那不足夠的羞愧和敬畏，
是無法遏止在世上的貪婪與縱情恣意，
我是多麼脆弱的受造物，
我的身心靈都是脆弱的，
若沒有祢的恩典和介入，
我能何去何從呢？
願祢的光芒常映照在我的臉龐上，
願我能在全然的敬虔中跟隨祢，
願祢在這世界的運轉及治理，
平安地按祢的命令而行！

主啊，
祢在遭遇暴風雨的船上，

門徒控訴祢不顧他們死活，
但是祢從未放棄，並且救了他們。
祢也屢次把我從泥濘的坑中拉拔出來，
並且使我站在穩固的磐石上，
雖然撒旦常常用牠嫉妒的雙眼，
摧毀我們與祢的和好；
使我常常內心要順服祢的律，
但我的肉體卻順服罪的律了，
在這客旅的航行，常常麻醉不已！

我承認自己多少的害怕、憤怒、焦慮和氣餒，
全都是因為忘了祢的益處。
祢已經賜給我的一切，
以及在基督裏所給我的應許；
我為自己內心的不潔和固執而感到悲痛，
我敷衍了祢釋放我的罪和長久以來對老我的放縱，
我是多麼的可悲啊！
就因我將起初的愛心離棄了，
我不禱告，多半是出於那自負的心態，

不僅是錯的，也沒有尊榮祢。

我要進入祢無限的恩典，就只有一個密碼，
那就是祢的愛與公義，而不是自以為義的努力；
祢是我生命、智慧和愛的泉源，
當我看不到人生的全貌，
也看不清從頭到尾的情況，
求祢讓我懂得謙卑地與祢同行而有所成長，
因為祢已經在十字架上為我成就的工，
要我好好的跟隨，背起自己的十架。

日暮蒼山遠・海茫無南北
策杖驅冰山・拄竿遠暗礁
出暗入光明・惟靠主同行

雖然我們擁有同一個天空，

但我並不在世界中，
夜宿沉默的大海，
祢的聲音進入我心中，
祢的話語不只是我所相信的，
更是豐豐富富地住在我裡面，
成為我心靈的基礎；
是的，
我喜歡這艘船，我喜歡船長，
但是有一天船長不在了，
船內部的環境也變了，
我又能航行到哪裏？
我知道只有跟隨祢，
祢是我的道路、生命、真理，
我或向左，或向右，
只要祢要我去哪裏，
讓人認識祢，我就去哪裏，
但我不能
愛祢所愛的，
惡祢所惡的，
做祢所做的，

說祢所說的，
心裏柔和謙卑地對待周遭，
我如何能隨著祢出航呢？
這是我一生與祢的心約！

不是靠着自己的力量去改變世界
而是靠着跟隨祢的愛，讓世界看見

世上沒有比主的好，主常讓我放心。

我卻常常疏忘主，自作主張，「受了傷」。
曾幾何時回頭看，枉了人生的努力，不堪回首，
才記得每一件事，要有主。
主的愛，隨時在旁，等著我這遊蕩子。
主的愛比天還高，靜靜等待主安排。

世上沒有比主的好，主常讓我放心。
我卻常常疏忘主，自作主張，「迷了路」。
曾幾何時回頭看，枉了人生的努力，不堪回首，
才記得每一件事，要有主。
主的愛，隨時在旁，等著我這遊蕩子。
主的愛比天還高，靜靜等待主安排，
世上一切不再戀，因為我有主。

主的愛，隨時在旁，等著我這遊蕩子。
主的愛比天還高，靜靜等待主安排，
世上一切不再怕，因為我有主。

我們一生不只要傳講神的話，

更重要的是將神的話行出來，
不然就成鳴的鑼、響的鈸了；
愛不是條件交換，
愛是成就他人更好的生命，
我們是屬神的，
神即是愛，
我們跟隨祂的愛在我們裏面，
比世界更大；
凡跟隨神的愛，
就是由神而生的，並且認識神；
當我們愛祂的心在我們裏面，
就得以完全了；
當神的愛在我們裏面，
我們也在祂裏面，
愛是沒有懼怕，愛既完全，
就把懼怕除去；
因為懼怕含着刑罰，
懼怕的人在愛裏未得完全；
我們一個人不能改變世界，
唯有愛，唯有經歷神的愛，

傳揚神的榮耀，
傳揚祂的福音，並彼此相愛，
成就我們一生真實之愛的奇跡。

海上的黑夜與星光，總在漫長紛繁裡相遇，
因為世俗文明一旦打開缺口，就回不到從前⋯⋯，
我們本不知何為愛，
傲慢是我的絆腳石，謙虛是親近祢的階梯；
死亡並不是人生的終點，遺忘祢才是生命的盡頭，
唯有祢的愛，超越時空，
我矢志跟隨，全情投入，傾倒完全，刑罰之前，何懼之有？

春去秋來老將至，

朝看旭升暮看夕，
韶華不為世間留，
世界不為主喜悅，
昔日石心不足誇，
漫卷聖經煉肉心，
以西結裡之所託，
風光不隨人起舞，
風雨兼程歷千帆，
惟主領你入勝境。

愛不是互相凝視對方，
而是一起扶持朝向
相同的信與望的方向前進。
主啊！
願我們常常住在祢的愛裏，
時時刻刻有祢的保護與看顧，
隨時隨地有祢的公義與幫助，
跟隨祢的聖潔與慈愛的光中，
遠離一切的誘惑和試探，
在祢的愛裏享受祢的豐盛，

我們體會祢創造我們的美好，
讓我們攜手在每天的生命裏，
更多的品味和享受祢所賜的氣息，
走在祢滴滿脂油的恩典之路！
是的，
愛是恆久忍耐；
又有恩慈；
愛是不嫉妒；
愛是不自誇，
不張狂，不做害羞的事，
不求自己的益處，
不輕易發怒，不計算人的惡，
不喜歡不義，只喜歡真理；
凡事包容，凡事相信，
凡事盼望，凡事忍耐。

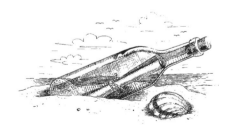

在雲霧彌漫的海天之際，

鹹鹹的雨水
撲打在船壁和船窗上，
因著祢
吹退了寒風，
帶走了徬徨；
我在晨曦中感恩，
一切定睛於祢，
繼續升帆征航在
祢指教我所當行的航道上，
我們聽從祢的命令，
祢的平安就如河水，
祢的公義就如海浪，
是的，
祢是使我
力上加力、恩上加恩的神，
祢是為我創新事的神！

世間真正的高手，

有謙讓別人的胸襟，
有善解人意的意願，
聰明的人往往得失心重，
智慧的人知道何時捨得，
真正知天命的人，
總是隨時聽行祢的話語，
真正耳順的人，
總是內心聽到祢的聲音，
真正目明的人，
總是能討祢的喜悅；
人生的歷程，
肉眼看到不等於看見，
看見不等於看清，
看清不等於看懂，
看懂不等於看開，
唯有跟隨祢的話語，
才能真正地看透這世界，
看那風華染了歲月，
海上蒼茫，年年有痕留，
我以祢的意念為意念，

以祢的道路為道路，
持續與祢同行的修養，
儆醒與祢同在的自覺，
我緊緊地跟隨祢的愛，
充滿著信心，
等待著千禧之年榮耀再來，
與祢一同坐席，
是我今生唯一的盼望。

祢是我生活的向導而不是沉重的負擔，
祢讓我找到合適自己的前進節奏，
充實地生活而不是疲憊的掙扎。
祢為我揚帆，使我張弛有度，進退有據，
祢讓我安然睡覺，使我安然居住。

光陰含笑，歲月凝香，

那造物主依然掌權
從起初到末了。
世界依然風風雨雨，
人生的過客，你還是你嗎？
我看到那光亮中，
那無盡的穹蒼
始終是有著祢給予我們
最初和最後的愛，
我們是否跟隨著這份愛，
而不偏離呢？
歲月的磨滅，
我是否已失去誠摯的自我，
浮沉或淹沒在
世界爭競的洪流裡，
看那開水變涼需要的是過程，
但是心涼卻只需要一個瞬間。
所有的美好，
在於你是否跟緊那造物主的身影！

海到盡頭天作岸，

世界異域各不同，
千磨萬擊無主在，
竹籃打水一場空，
跟隨耶穌為吾鋒，
濤聲風嘯奈我何，
萬愛千恩加我身，
蒙贖賦靈僅一生，
期我治死而後生，
不再專己而非人，
不敢諱短而嫉長，
如鷹展翅向天穹，
末日號角見分明！

祝您一切
行在主意，討主喜悅，
跟隨主名，榮耀主名，
與主同在，與主同行，
無論或左或右，
作首不作尾，
居上不居下，

凡事亨通。
共勉，加油！

幾千年前，方舟的生命工程迄今仍在進行；
感謝祢差遣合一這條船號，
朱奔野艦長（牧師）、黃馬琍輪機長（長老），
像其他的方舟船隻，風雨兼程，砥志前行，
在 19 年前他們領我進入望道的舷梯，
領受祢的慈愛與大能的堂奧。
祝福所有好友們也能在這條永勝的航艦上，一起航行。

跋

有人說，

書序是一本書的開始，書跋是一本書的結束；

而這本書的跋是在造物主的手上，祂已交給我們去追尋。

是的，

我們須靠熱情、信心、真愛，所蘊衍的聖潔，

才能追求得到的，而這信心就是不畏任何環境的困難，都相信能達成，任何學習的盼望，只要有信心，就能達成。

人的信心不是一天兩天建立的，都是在成長的過程中一點一點建立起來的，『信心』，不是滄海一聲笑，沒有什麼不可能，也不要總是將造物主做為在世界功利上得勝的出口，

而是要跟著祂，讓祂來帶領我們在屬靈上及屬肉體的惡習上得勝。

信心隨之而來的就是耐心和不畏艱難，是要付出
代價的，要不斷的超越自己，不斷的更新自己。

真正的信心是帶著盼望和渴望去實踐，
持續的相信，直到得著祂的應許。
真正的信心是付代價的信心，付代價就得到恩典。

信乃所望之事之實底，走進未見之事之確據，
我們一切心思意念，行事須以祂為核心；
順服則是信心的體現，信心也是膽量，
一生緊緊跟著這位造物主。

世間的價值，是屬世界的現實，

我們要有信心的屬靈眼光，看世界的一切。

世界價值，我跟著祂，我就得勝。

我跟著世界，最後就是失落。

是的，

祂總會安排最好的給我們，而不是照我們的意思。

但我們往往

因為『信行』不一，而『知行』不一，

造成『言行』不一，影響了自己信心的基礎。

我的熱情，只有跟隨祂，才不會被世界淹沒！

我的信心，只來自於祂，才不會被海浪吞沒！

我的真愛，只取源於祂，才不會被人兒擾碎！

我深切地知道，祂從不把我當作陌生人，

也不是時間沙漏裡的過客，而是祂的兒子，祂的

摯愛；

作為祂的孩子，我們的過去已經結束，並且擁有榮耀的未來。

只要我們專注地走在信心的路上，不僅在生活的處境中得勝，

在跟隨祂這條望道的船號返航時，相信我們有這份福分，摟住我們的頸項，與我們緊緊擁抱親嘴，浸潤在祂溫暖柔和恬靜的懷抱裡。

智慧的人們已在追尋......

篇號

| 181 | 謙卑溫柔的人必承受地土，並有豐盛的平安和喜樂。 |

| 184 | 祂讓我們看到了天國的門打開了，祂讓我們在絕望中重拾希望。 |

| 186 | 祢的話語是人生的體悟，生命的禮物，永憩的密碼。 |

| 189 | 抬起眼睛仰望那明亮的蒼穹，那彩虹日落的絢爛，
我們從祢所造的萬物認識祢，從清醒的心靈跟隨祢；
船舶隨着層層波浪向前晃動，我緊緊地抓住船舷，
倘若最終尋找不到永憩的船錨，我仍無法進入生命的平靜與奧祕！ |

| 192 | 祢的愛帶來了希望，在我心中散發着喜悅的音符與香氣。
我從清晨到黃昏，……充滿祢的看顧與呵護；
我在夜晚要訴說着祢的愛與我心中的喜悅！ |

| 193 | 在人生客旅中，當感覺勝於意志力，使我們屈服於誘惑而後悔莫及，
惟晝夜思想祢的話語忍受試探的人是有福的，
經過試驗以後，必得生命的冠冕。 |

| 195 | 我們一生的成敗在於祢，不僅要與祢同行，更要贏得祢的喜悅！ |

| 196 | 我們在祢的愛裡成長，在軟弱中得著剛強，在困頓中得哉安慰，
在創傷中得到醫治，在沉淵幽谷裡的得著曙光，
更在失望與喪膽中重拾信心，再次生發活潑的盼望！ |

| 197 | 若人生是一趟客旅，那不虛此行或悵然此生，
在於你路上的印泥，是否有與神同在的足跡，
你留下歲月的痕跡，是否有與神同行的光影？ |

| 198 | 我們不要被人虛浮的話欺哄。
我們大多數人寧願 "被愛"，而不是 "去愛"，
在世俗中，靈魂所遊蕩的事物卻是只在乎自己，
豈知與祢在世上離別之時，也是與祢相聚之日。 |

| 199 | 天際白雲如蒼狗 · 西風捲雨上半天 · 商舟隨潮遠暗礁
功名萬里忙如燕 · 祈主同行與引領 · 得勝真偽已不驚 |

| 207 | 人非聖賢，熟人無過，犯錯不可怕，怕的是不知錯在哪裏？
祢的話語是一種良知，一種感激，一種理性，一種大度，一種謙遜，
一種浪漫……更是救贖與機會。 |

篇號

208	謝謝主，祢對我是如此的好，我要聽從祢的聲音， 在海面上看到祢的笑顏，祢比溫和的陽光還溫暖。
211	我要保守我的心，勝過保守一切， 因為一生的果效，是由跟隨祢的心發出。 我們生命的支撐點，並不在生命自身之內， 而是安放在聖靈之內。我是塗飾人生，還是精進人生呢？
212	山色巍然掠眼眸 · 渺渺長懷歸何處 · 一枕南柯即逝去 祈領授我清新句 · 管它波底起暗礁 · 萬壑勢迴祢同行
213	我是地上的小草，享受着祢的風的輕拂； 我是地上的花朵，沉浸在祢的光照與甘霖。 祢的意念高過於我的意念，我因為祢的愛和同在而完全信靠祢， 我不看環境全心奔向祢，進入祢豐盛的命定裡。
214	宿雨破曉江海上 · 一抹波痕咏詩歌 · 與祢為伴未寂寥 早晚灑種不息歌 · 撥雲見日信心生 · 天際雨晴終有時
218	祢的手是保護的手，願我莫離祢的處所
219	請將我放在祢的心上如印記，將我帶在祢手臂上如戳記， 祢的愛情堅貞勝過死亡，眾水不能熄滅不能淹沒。 願我與祢的婚禮的記憶存至永遠， 願我跟隨祢純摯的情誼與日俱增。
221	慕恆是多少人心裡的尋求，唯有祢能為我們達成！
222	我的靈要連結祢，來控制我心猿意馬肉體的心， 使得我有聖潔的身，聖潔的殿來跟隨祢！
225	祢的話語是人生的體悟，生命的禮物，屬靈的軍裝，永憩的確據。
226	祢在我行過路上，為我披荊斬棘，祢在我敵人面前，為我擺設宴席， 祢做我的王，使我成為主角，把敵人變為朋友，向祢稱臣！
231	從高山到湖到澤，從湖澤到海到洋，有時壯闊，有時低徊， 時而演奏不同的風聲與松濤；那海燕舉起翅，卻無力， 最後仍把一切交還祢帶領。

篇號	
233	世界的道理，各國不一，只有祢的話語才是真理， 他們好像以卵擊石，終究使我們必須面對還是……祢！
234	祢總是願意為我們多走一步，引領我們前行！ 我們願意讓祢住進我們的生命裏， 走向祢的美善、平安、和諧、同在的境界。
238	有祢陪在身邊，這蒼白的世界，終於能夠漸漸回到原本它的起點
239	我用鼻子呼吸，就有血氣，因為它屬肉體， 我用靈來呼吸，就有生命的品質。
240	誰曉得山為什麼偏愛綿延？水為什麼偏愛迤邐？ 誰的呼喚能夠迴蕩不散？只有祢的恩典，默默的守望， 在寂寥的長空，等待着我們誠實的歸航！
243	世界上最寬闊的是海洋，比海洋寬闊的是天空， 祢要我跟隨祢，使我的心靈比天空更寬闊。 擺脫那風斜雨細，冷冽的海水及世界污俗的外衣， 唯保留我們純粹的心思意念跟隨祢。
245	海天一色・穿透凝思・心艙之旅・覽經長吟・沉浸恩典・悅意不已
247	我不能因測度波浪得到勝利，也不能因測量風力得到堅固， 我們見到風甚大，就害怕，只有祢能救我……， 祢愛我直到天涯海角，言語不能訴說祢的大恩。 當我在世界漂泊，遠離平安之岸，是祢從海中伸手救了我……。
250	我要憑信心，活出祢在我身上榮耀尊貴的形象， 我要起來為別人禱告，服侍別人，也要成為別人的祝福。
251	纖雲激盪月沉海・歲月清殘淺如水・獨自憑欄無知己・夢裡不知終是客 唯祢溫柔且恩慈・願禱莫離我身軀・忘卻塵世之善惡・企盼領我再征航
253	願我現在客旅的行囊，只裝載着祢的交付，願我能 「心領神會」的遨遊，跟隨耶穌的身行及聖靈深奧奇妙的帶領。

篇號	
255	人生作客：我們去人家家裡作客時，通常是會比較小心，不會太過隨便，我們面對每一天的生活，就是以一個作客的態度，是嚴謹、不隨便的，我願跟隨祢的教導，在祢的家中是一位討祢喜悅的客人。
256	那聖殿不僅是一棟建築，而是我們自己本身。 讓我們按祢所要的樣式建構，遵循祢一切所交付的……； 雖然人生不如意事十有八九，有時讓我們信心萎縮，希望消失，愛心倦怠，讓我們撕下道貌岸然的外衣，為了認識祢，我們要更顯自己的軟弱，才知一切都是祢的引領。
257	我的弱點是我往往想用我的話，說服人相信祢；而沒有用我對祢的生活經歷，叫人看見祢。專靠自己的智慧和哲理說服的人，恐怕他們的信心是建立在人的理性上；倚靠祢的能力所得著的人，他們的信心必是建立在對祢大能的經歷上。
258	無論是在藍天白雲或微雨綿綿，看那國小放學的小孩， 正飛奔著到校門口，等待著父親的接送，父親牽著小孩的手， 小孩哼著歌，畫面無比的快樂；是的，我們在天上的父，也正等著 我們用純摯的心靈與祂相聚……
263	我的靈要連結祢，來控制我心猿意馬肉體的心， 使得我有聖潔的身，聖潔的殿來跟隨祢！ 我務要謹守，警醒，因為我的仇敵魔鬼， 如同吼叫的獅子，遍地遊行，尋找可吞吃的人。
265	我用鼻子呼吸，就有血氣，因為它屬肉體， 我用靈來呼吸，就有生命的品質。 我們要脫離卑賤的事，必作貴重的器皿，成為聖潔，合乎主用， 預備行各樣的善事。
269	以我信實為糧，以我為你的喜樂，倚靠我，跟隨我的， 我就將你心裏所求的賜給你，凡事都順利。
271	只有祢的真理，才能使得人云亦云，隨　而行的事有所依循。 祢是我所倚靠的，祢必保守我的腳不陷入網羅。
272	一旦跟隨祢，我們即蒙福、蒙愛並一生與祢建立生命的關係。

篇號

273
祢已指教我走智慧的道，引導我行正直的路。
人所行的道都在祢的眼前，祢也修平人一切的路。

274
芯香嫣然似有情 · 紫蝶黃蜂花豔間 · 妍花嫣然映夕陽
金蜂銀蝶翩躚舞 · 世俗春泥終有時 · 莫忘氤氳恩典中
~凡投靠祢的，願他們喜樂，時常歡呼，
因為祢護庇他們；又願那愛祢名的人都靠祢歡欣。

276
聽到那熙攘嘈雜聲音從耳際掠過，我專注屏氣跟隨祢，攀上比
台北 101 大樓，上海東方明珠，杜拜哈里發塔更高之處，
俯瞰世界…………，願祢與認識祢的同行，我們甚盼與祢同在。

277
融入世界之前，我要先裝備好自己，無論得時不得時，總要堅持；
要以極大的耐心，告誡人、鼓勵人，向軟弱的人，我就做軟弱的人，
向什麼樣的人，我就做什麼樣的人，無論如何總要救些人，以祢之
名為榮耀而戰。

281
主，祢創造萬物且曉諭，祢給予大愛而俯瞰，我們卻在萬物中迷失
而不已，不知道抓住世界的美好，要先緊緊地抓住祢，
只要行祢的國，祢的義，我們生活的必需，祢已加給我們了！

282
海鳥在雲中向我揮手，牠不種，也不收，
感恩那造物主如此恩顧，使牠成為大海的伴侶。
是的，我要緊緊地跟隨造物主，已不再是一葉迷航的孤舟！

284
夕陽餘暉的海面，漫漫汐潮的高湧，想像未來，回憶已往，
只有那感恩救贖的祈禱，使我能與祢跟行在永恆的詩篇，
只有祢讓我每天都有新的相識，相知，與相愛！

285
人生道路有多長，祢的愛更長，人生時間有多久，祢的愛更久且不
離棄，願我靈性往直前，莫待在曠野，只有跟隨祢，勝過一切。
『我也與你同在，你無論往哪裡去，我必保佑你，
領你歸回這地，總不離棄你，直到我成全了向你所應許的。』

289
遇事不決 · 可問耶穌 · 心靈交契 · 莫忘順服 · 殷勤勿懶 · 緊緊跟隨

篇號

290
我內心對世界的思維總是像章魚一樣的伸展出來，
祢撫摸我的靈魂，讓我心靈深處的面容不至蒼老，
讓我跟隨祢的喜悅，變得通透而活躍。
祢一直接納我的過去，分享我的現在，期待我樂觀的面對自己的未來；
祢領著我站在高處，那世界的成功不能造就我，失敗不會擊垮我，
且讓我一生緊緊地跟隨祢，讓我不隨著自己的意思看這世界，
而是跟隨祢看著這世界的心意而變化，
海上的天籟，因為有祢使我更為清韵平靜。

293
謝謝祢，祢不僅告訴我們，我們從哪裡來？往哪裡去？活著為了什麼？也教示我們解決罪的過程，「不至滅亡」，使我們「反得永生」，達成生命的目的。

294
祢已創造慈愛、公義、聖潔，光和良善…，我卻創造了惡、不如、不知、不記得…，因為我一生在尋找人，不是尋找祢！

295
這個世界往往看到向現實投降的人，人兒在放棄與不放棄，
在希望與失望之間，竟向現實低頭，卻不向祢低頭，
祢在我們裡面的，比那在世界上更大啊！

297
在屬靈爭戰中，心思是一個主要的戰場，
人心所思念的是甚麼，整個人就會傾向甚麼；
我們要思念祢所交付的事，不要思念地上的事。
不可為自己積聚財寶在地上，因為有蟲蛀，也會生銹，
又有盜賊破門進來偷竊。要為自己積聚財寶在天上；
那裡沒有蟲蛀，不會生銹，也沒有盜賊進來偷竊。
你的「財寶」在哪裡，你的心也在那裡。
「財寶」不是單指錢財而已，也包括了人的心思意念。
盜賊則是包括了誘惑人心的力量。
人的心是很容易受到誘惑的。
但設若將精神放在祢的話語上，人會受到的誘惑、
損害就會降到最低，甚至有足夠的力量排除、抵擋這些會使人脫離
祢的旨意的「盜賊」。我們要相信活在命定裡，一生為榮耀祢而活。

302
看那領導，並非炫耀擁有最多的僕人及財務，卻是為最多人服務，
因為他們心中已尋找到真正的領導……

篇號	
304	天空寬闊無界，海洋遼廣無際，飛機必有航線，船行必有航道，人生的指南針都在祢的道裡；祢的愛是無條件的，但祢的獎賞並不是無條件的；當我離開了航道，我呼求祢，那平安，真理 光和愛，在我心中浮現，因為祢是道路，生命，真理，祢已將自己顯露給我們。
315	穹蒼碧雲青草地 ‧ 夕陽海面映艙簾 ‧ 晚霞作客度芳華 纖風彩蝶共詩篇 ‧ 若無十架之救恩 ‧ 何有榮耀之冠冕
320	當迷戀世界的美好，而忘了心中有祢，最後沉迷不止…； 艙窗大霧彌漫，光影蹣跚，若能與祢同行，何懼之有？ 人兒為了私欲，常在罪惡和善良結伴而行，與靈魂共謀叛逃， 最終積勞囚禁至無法自拔，何時方能純粹的跟隨祢，自信地為自己的生命喝采？
322	讓我跟隨祢的行動成為宣告，讓我跟隨祢的愛充滿世界！
327	有人說外面世界學的是知識， 我說我寧願跟隨祢，在祢裏面出來是智慧。 有人說，人生是喜怒哀樂悲歡離合，我不貪心，因為只要跟隨祢，祢將最珍貴的那一半，喜、樂、歡與合，給了我。
329	當夜靜月色，天空幽藍，聽著卡農的悠揚，品味著高山冰河礦泉水配搭燕窩、桂花、冰糖、黑枸杞及深山野蜂，啜吸著雪茄的醇厚與溫度，那若是人生極致的一隅，但可知你的氣息，依然在祂的恩賜裡！是的，請不要再告訴別人 你曾在世界的崢嶸做了什麼？而是要想，你為祂付出了什麼？
333	俗世不知今生何時許，卻將夢想追天明，人生有太多的機會與祢相遇，有些人卻是擦肩而過的與祢遇見，我願與祢有份刻骨銘心的相遇，洗淨我一切的罪惡，填補我追隨祢的理想！ 人生從生到死，只是經過人間，匆匆幾十載，盡在浮生一夢間，我是否曾盡心盡力地跟隨，那美好的仗，我已經打過了，該跑的路程，我已經跑盡了，當守的信仰，我已經持守了。 那生命最大的不幸不在於貧窮，不在於卑微，在於失去了方向感與價值觀。人生中最美的遇見，就是靈魂深處緊緊與祢相伴，我是否與祢真心地同行？

篇號	
337	載瞻星辰　·　吟咏高歌　·　霧餘海畔　·　悠悠空塵 神存聖潔　·　妙機其微　·　勝於金銀　·　悟入永恆
338	認識祢，不是人生就此沒有波瀾， 而是緊挽祢的手，在那興風作浪時， 祢已為我扛起一切！
344	插圖由 Emma 王佩玉畫家提供
349	天涯海雁雲水間　·　激艷波光人何在 一憶一驚老我在　·　孰人為我洗風塵 覽經禱告勤跟隨　·　長河漸落曉星沉 就算枯身也復生　·　碧海青天照虔心
357	日暮蒼山遠　·　海茫無南北　·　策杖驅冰山 挂竿遠暗礁　·　出暗入光明　·　惟靠主同行
358	不是靠着自己的力量去改變世界， 而是靠着跟隨祢的愛，讓世界看見。
360	海上的黑夜與星光，總在漫長紛繁裡相遇，因為世俗文明 一旦打開缺口，就回不到從前……，我們本不知何為愛， 傲慢是我的絆腳石，謙虛是親近祢的階梯； 死亡並不是人生的終點，遺忘祢才是生命的盡頭， 唯有祢的愛，超越時空，我矢志跟隨，全情投入，傾倒完全， 刑罰之前，何懼之有？
363	祢是我生活的向導而不是沉重的負擔， 祢讓我找到合適自己的前進節奏， 充實地生活而不是疲憊的掙扎。 祢為我揚帆，使我張弛有度，進退有據， 祢讓我安然睡覺，使我安然居住。
365	幾千年前，方舟的生命工程迄今仍在進行； 感謝祢差遣合一這條船號，朱奔野艦長（牧師）、黃馬琍輪機長（長老），像其他的方舟船隻，風雨兼程，砥志前行，在 19 年前他們領我進入望道的舷梯，領受祢的慈愛與大能的堂奧。 祝福所有好友們也能在這條永勝的航艦上，一起航行。

在人類的歷史長河裏

我們只不過是一朵小小的浪花

願你在人生旅途之中，綻放自己

找到人生的注腳

海濤轟鳴，浪花激濺

艙窗外激雨

那月光未退

經聲琅琅迎晨曦

現實和理想之間，不變的是堅持

暗淡與輝煌之間，不變的是信仰

追尋永憩的船錨 Ⅱ

作　　　　者／張容寬
總　編　輯／陳惠雲
責 任 編 輯／石飛益、朱芮頡
美 術 編 輯／陳慧欣
出　版　者／一家親出版有限公司
地　　　　址／台北市 100 中正區寧波西街 18 號 6 樓之 12
電　　　　話／(02)8237-9955
傳　　　　真／(02)2391-8522
總　經　銷／成陽文化事業股份有限公司
地　　　　址／桃園市春日路 1492-8 號 4 樓
電　　　　話／(03)3589-0000

西元 2022 年 02 月初版一刷
定　　　價／389 元
ISBN ／ 978-986-06761-3-6
郵 局 劃 撥／ 50342475
戶　　　　名／張容寬

國家圖書館出版品預行編目 (CIP) 資料

追尋永憩的船錨／張容寬作 . -- 初版 . --
臺北市 ： 一家親出版有限公司，2022.02
　　冊 ；　公分
　ISBN 978-986-06761-3-6 (第 2 冊 ： 平裝). --

1. 信仰 2. 心靈

244.9　　　　　　　　　　　111001372

郵 局 劃 撥／款號 50342475
戶　　　　名／張容寬